《图说洛阳系列》丛书

# 图说洛阳丝绸之路

洛阳市地方史志办公室　编

大象出版社

## 《图说洛阳系列》丛书

名誉主编　连维良

主　　编　郭洪昌　吴中阳

常务副主编　孙凤让

副　主　编　来学斋　牛红丽

编　　辑　（按姓氏笔画为序）

张素玲　张玉桥　张汝胜　张克利　张根成

张润芝　尚仁杰　孟国锋　潘　兴

美术编辑　梁　芸

编　　务　（按姓氏笔画为序）

刘长春　安春芳　陈继红　张伟召

## 《图说洛阳丝绸之路》编纂人员

名誉主编　连维良

主　　编　郭洪昌　吴中阳

常务副主编　孙凤让

副　主　编　来学斋　牛红丽

文字撰稿　张玉桥

图照提供　高　虎　王　铎　张玉芳　王　阁等

# 序

王佳臣

在中华民族伟大复兴的进程中，中原正重新崛起；在中原崛起的伟大进程中，洛阳理应发挥重要作用，就像在中华几千年文明发展史中，洛阳所发挥的作用一样。

历史上的洛阳，曾经创造了无数的辉煌，司马光的一句"若问古今兴废事，请君只看洛阳城"，让多少洛阳人引以为自豪。洋洋洒洒3296卷的"二十五史"，"洛阳"二字就出现了3063次，平均每8700个字就出现一次。新中国成立后轰轰烈烈的老工业基地建设，又让洛阳创造了众多的新中国第一，涌现了一大批至今仍然发挥重要支撑作用的共和国长子企业。近几年，洛阳经济总量快速增加，城市建设为全省争光，形成了洛阳发展史上又一个新高峰。

为能比较系统、全面、准确和深入地反映洛阳历史上所取得的辉煌成就及其在中华文明史上的地位和贡献，以及当今洛阳在经济文化建设中所取得的巨大成就，市委、市政府委托市史志办与出版社合作，编辑出版一套反映洛阳市情的丛书，从历史到现实，从宏观到微观，突出资料性、学术性、可读性和权威性。编辑的基本思路是：以历史的眼光审视洛阳，以文化的视野观察洛阳，以史家的笔法描绘洛阳，以艺术的手段表现洛阳，以大量富有历史价值、文化价值的图片形成强烈的视觉冲击，使读者能对洛阳进一步加强认识，加深印象。所以定名为"图说洛阳系列"丛书。初步拟定编辑出版《图说洛阳丝绸之路》、《图说洛阳都城》、《图说洛阳文物》、《图说洛阳名胜》、《图说洛阳人物》、《图说洛阳地名》、《图说洛阳牡丹》、《图说洛阳山水》、《图说洛阳民俗》、《图说洛阳姓氏》等。

市史志办在全省甚至全国率先完成第二轮修志任务后，将工作重点及时转移到开发史志资源、服务经济文化建设上来，这既符合省政府《关于加强用志工作的意见》文件精神，也切合了我市的实际情况。衷心希望通过这一有益尝试，为努力再造一个新洛阳，全面走在中原崛起的前列发挥积极的作用。

（作者系中共河南省委常委、洛阳市委书记）

# 目录

# 第一章　先秦时期草原丝路东端起点的形成

## 第一节　三代王都

河洛外方之域自古就是帝王兴邦立国之地,其发达于周边的王畿物质基础支撑了夏商周三代的帝王之居,又因帝王之居而成为中国奴隶制王朝的首善之区。西周集三代之大成,创设一国二都制、东西王畿制,以周代统治最长久,两周合约八百年。这种特殊建置的开创,对中国封建社会东西二都、邦畿联体建置产生了深远而重大的影响。

### 一、夏都斟鄩

公元前2070年,夏部落首领禹在洛阳盆地南侧之阳城(今河南登封告成镇),建立起中国历史上第一个奴隶制国家,中国文明的曙光首先照临河洛外方之域。至第三代夏王太康时,都城建于伊洛交汇处西侧的洛水之阳,这里就成为夏国家的政治中心。

关于夏都的原始名称与位置,古代典籍留下了丰富的史料记载:"太康居斟鄩,羿又居之,桀又居之。"(《古

夏都遗址

本竹书纪年》)"仲康也居斟鄩……帝癸,一名桀。元年壬辰,帝即位,居斟鄩……十三年,迁于河南。"(《今本竹书纪年》)"太康失邦,兄弟五人,须于洛汭,作《五子之歌》。"(《尚书·虞夏书序》)"昔太康失政,为羿所逐,其昆弟五人,须于洛汭,作《五子之歌》于是地矣。"(《水经注·洛水注》)文献记载明示,太康之都名斟鄩,地点在洛水黄河处以西古洛水北岸,根据洛阳盆地地形,夏都应设在东距洛汭一定距离的平原开阔处。

夏代二里头宫殿复原图

1959年开始,中国社会科学院考古研究所及其驻洛考古站在偃师县二里头村夏文化遗址进行了长达三十余年的连续发掘,发现了青铜器作坊遗址,大墓,1号、2号宫殿,被殉葬的奴隶和丰富的青铜器具、玉器和刻有二十余种原始文字的陶器。据碳-14测定,其年代跨度约在公元前2000年至前1600年之间;大量出土实物证明,二里头夏文化遗址是迄今已知规模最大、遗物最丰的一座夏代都城遗址。结合文献记载,显然是夏朝太康至桀所居之斟鄩。其为都时间,据《通鉴外纪》"太康在位二十九年"、"仲康在位十三年"、"夏桀在位五十一年"累计数字,减去夏桀在位的前十二年,加上后羿、寒浞专政时间,约一百三十年。

二里头夏文化遗址

夏都遗址

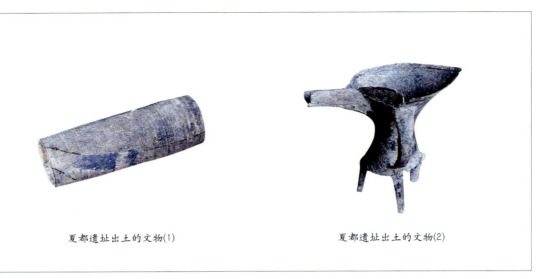

夏都遗址出土的文物(1)　　　　　　　　夏都遗址出土的文物(2)

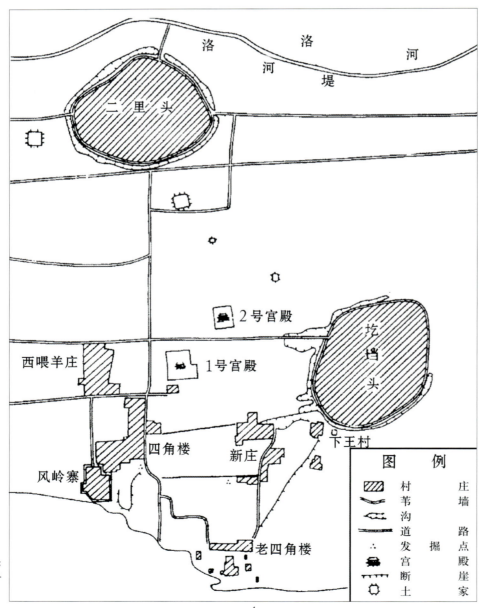

夏都斟鄩二里头
遗址考古发掘平
面示意图

4

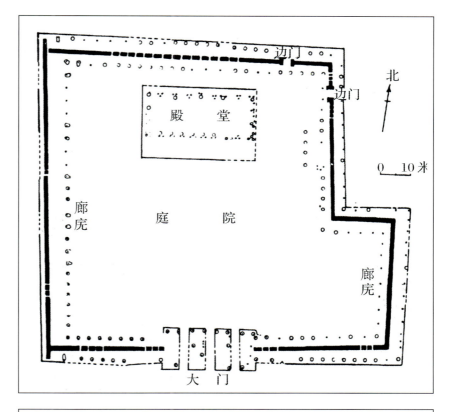

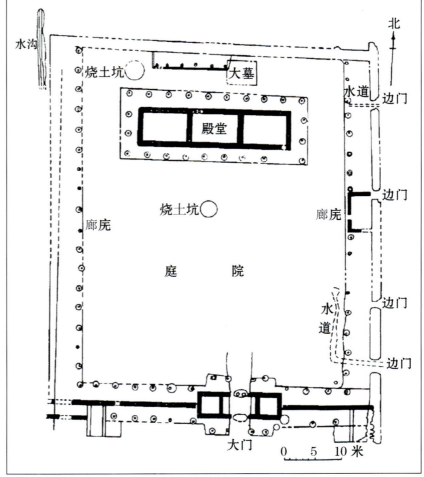

① 二里头1号宫殿遗址平面示意图

② 二里头2号宫殿遗址平面示意图

5

## 二、商都西亳

公元前1600年，商汤克夏，定都于亳，史称西亳。汤都西亳的位置，文献记载尤详。《春秋繁露·三代改制质文》语："汤受命而王，应天变夏殷号……作宫邑于下洛之阳"；《水经注·坂水注》引阚骃文："汤都也，亳本帝喾之墟，在禹贡豫州河洛之间，今河南偃师城西二十里尸乡亭是也"；《汉书·地理志》记："偃师，尸乡，殷汤所都"，并附郑玄语："亳，今河南偃师县有汤亭"；《括地志》载："今河南偃师为西亳，帝喾及汤所都，盘庚亦徙都之。"根据以上文献记载，商汤之都本名亳，相对于克夏前商汤之故居而称西亳。西亳的位置在唐代偃师县

商都西亳遗址

商都西亳

城西 10 公里之尸乡沟。

　　根据西亳地望，从 1983 年开始，中国社会科学院驻洛考古站在伊洛交汇处西侧洛水之阳的尸乡沟连续发掘，发掘出基本完整的宫城、内城、外郭城三重城基址、大型宫殿基址、墓葬。据碳 −14 测定，该遗址的时间介于二里头夏文化与郑州二里岗商文化之间，时间地点均与史载相符，因而被确认为商汤克夏后统一王朝之始都。从商汤建都到仲丁迁隞，共有十一王居此，为都时间"六代十一王，二百余年"(陈桥驿主编:《中国七大古都》)。盘庚之时，从殷(今河南安阳)"渡河南，复居成汤之故居"，"治亳……诸侯来朝"(《史记·殷本纪》)，至武乙时才又离亳而都河北。

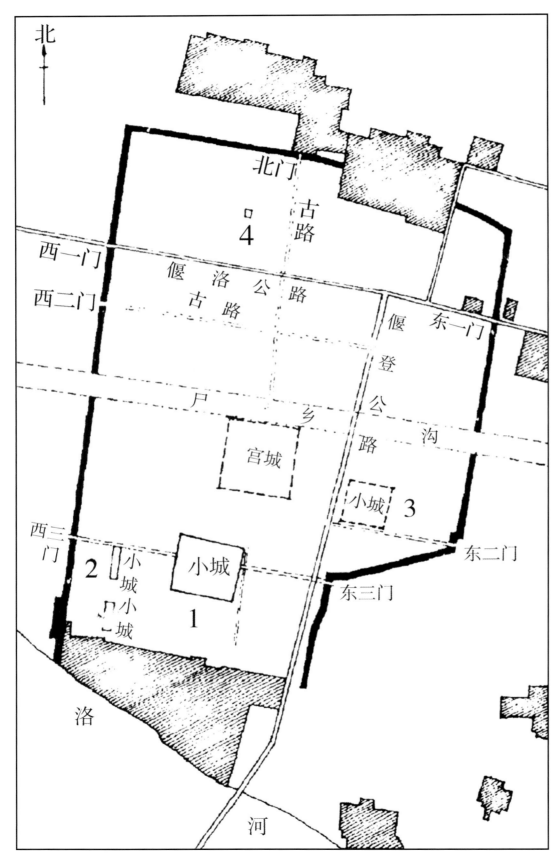

北

北门

古
路

4

西一门

偃洛公路

西二门

古路

偃
登
公
路

尸乡沟

宫城

小城 3

西三门

2 小城

小城

小城 1

东一门

东二门

东三门

洛

河

偃师尸乡沟商城考古发掘遗址平面图

## 三、周都雒邑

公元前1046年农历一月，周武王以河洛为军事基地，伐纣灭商；二月重返伊洛交汇处，决定在“有夏之居”建立新都，迁九鼎于郏鄏，以郏鄏邑为基础营建雒邑。然其心愿未了，归镐京不久即病逝。公元前1042年，成王即位，“复营雒邑，如武王之意”，先后派周公、召公到夏商故都以西洛水之阳实地勘测。据《尚书·雒诰正义》、《郑玄诗谱》及《汉书·地理志》有关注文记载，周公沿雒水北岸，以雒水为界，东置“王城”，西建“下都”；王城是周天子之宅，下都乃“殷顽民”所居；仿行丰镐二城一都制，王城与下都共为一都；相对于镐京而总称“雒邑”，相对于宗周而总称为“成周”。

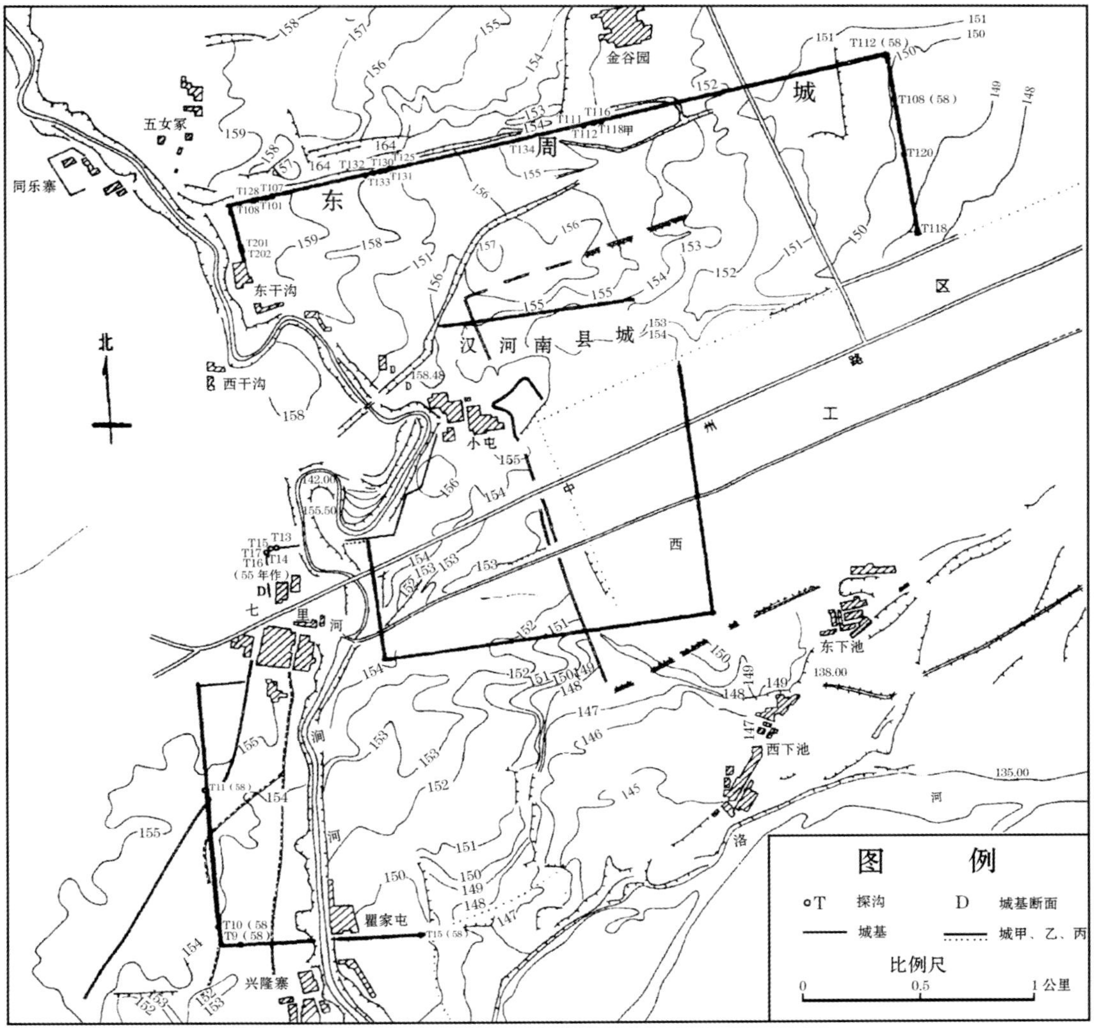


周王城考古发掘平面图

成周的外郭城规模宏大,《逸周书·作雒解》记述:"乃作大邑成周于土中。立城方千七百二十丈,郛方七十里,南系于雒水,北因于郏山,以为天下之大凑。"并于王城建群臣议事之所,祭祀祖宗之庙:"乃建大社于国中⋯⋯乃位五宫:太庙、宗宫、考宫、路寝、明堂。"

周王城遗址上的王城公园大门

成周(雒邑)建成后,周公率诸侯、百官来朝贺,成王定鼎于郏鄏,举行隆重的开国大典。1963年出土于陕西省宝鸡市的《何尊铭文》,详细记述了成王初"迁宅于成周"这一重大历史事件,是成周为西周国都的历史见证。

成周(雒邑)与宗周(镐京)同为周都而东西并存,东汉学者认为西周是一国二都制。

《汉书·地理志》记:"初雒邑与宗周通封畿,东西长而南北短,短长相履为千里。"《公羊传·隐公元年》语:"自陕而东,周公主之;自陕而西,召公主之。"司马迁在《史记·燕世家》中也认为西周时期以陕为界,周公治东,召公治西。民国18年(1929年)出土于洛阳马坡、现存于美国弗里尔美术馆的西周铜器铭文《令彝》，记载了周公主持东都卿事寮(中央政府)政务，掌管"三事四方"的重大历史事实。

考古与文献相印证，西周政治家开创了中国古代一国二都制——雒邑与镐京同为西周国都的这一先例，而西周时期，雒邑为都时间，因缺乏周天子具体居洛材料，尚待进一步考证。

公元前771年，犬戎攻破镐京，周失西都，唯余东都，东西二都制宣告结束。从公元前770年开始，周王朝以雒邑为唯一的政治中心，史称"东周"。由于雒邑是一都二城，周天子常在二城移居。自平王以下十二王皆居王城，历时251年；从敬王元因王子朝之乱东迁成周城（西周下都）起，共有十一王居成周城，历时205年；赧王元年（前314年）复居王城，至赧王五十九年（前256年）秦灭西周止，计59年。前后相加，周天子居王城310年，居成周城205年，雒邑作为东周首都的时间为515年。

## 第二节 三代经济中枢

### 一、三代交通中枢

洛阳位于黄河中游的豫西走廊之间，秦岭余脉围成的山间盆地之内。经过大禹治水，这里水运发达，泛舟可行黄河上下；陆运便利，乘车可走黄河南北。夏王朝建都洛阳盆地之内，即以河济、太华、羊肠、伊阙为门户，通向四方。夏代以后，随着王朝的更替，统治范围的扩大，洛阳通向四方的道路不断延长：商汤建都西亳，洛阳向四方的道路东到大海，西过关中，北抵燕山，南至长江；西周武王定都洛邑，洛阳向四方的道路东到大海，西至河西走廊，东北逾辽水，东南过长江；春秋战国时期，吴国开凿长江与淮河之间的区段运河——邗沟，魏国开凿黄河与淮河之间的区段运河——鸿沟，两段运河沟通后与洛阳的河洛水系连成一体，洛阳自然而为东南到西北运河航线上承东启西的枢纽，其在全国交通网络中的中枢地位已经确立。

## 二、三代朝贡贸易中心

　　夏朝实行天子之国与诸侯国并行的上下等级制。体现这种等级关系的重要标志是朝贡贸易。"禹贡九州，各因其土地所宜，人民所多少而纳积焉。"（《史记·平准书》）洛阳作为夏都，自然是四方诸侯朝贡的中心。从二里头文化遗址出土的陶器、玉器、漆器、丝织品（裹在器物上的丝织品痕迹）来看，大部分来自河洛地区之外。朝贡贸易为夏王提供了无尽的物质来源。夏末，桀已把丝织物作为生活的奢侈品。《管子·轻重甲》云："昔者桀之时，女乐三万人……无服不文锈衣裳者。"《帝王世纪》载："妹喜好闻裂缯之声而笑，桀为发缯裂之，以顺适其意。"为满足挥霍无度的需求，夏桀与商部落进行粟缯交换。《管子·轻重甲》载："伊尹以博之游女工文锈纂组，一纯得粟百钟与桀之国。"

河南偃师商城
遗址

　　商汤定都西亳后，一方面发展养蚕业，在洛河沿岸广植桑树，形成了"桑林之野"（《帝王世纪》）；另一方面，发展朝贡贸易，"昔有成汤，自彼氐羌，莫敢

周公庙山门

周公定鼎堂

不来享，莫敢不来王"（《诗经·商颂·殷武》）。《述异记》载："奇肱其国，人机巧，能为飞车，以风远行。汤时，西风吹奇肱人乘车至豫州界；后十年，而风复至，使遣归国，去玉门四万里。"《竹书纪年》曰："太戊二十六年，西戎来宾。王使王孟聘西戎"；"太戊七十五年，太戊遇祥桑，侧身修行。三年之后，远方慕明德，重译而至者七十六国"。

西周克商后，营都雒邑，对迁居成周的殷顽民中的工商业者——"多工"、"百工"实行专门管理的"工商食官"政策，令其从事专业化生产。如《颂鼎》："王曰：颂！命汝官司成周贾廿家。"殷顽民中的工商业者对改善雒邑的经济结构、繁荣雒邑商贸业发挥了重要作用。

同时，西周统治者利用成周"四方贡赋道里均"的中心位置，定期在成周大会四夷和诸侯。成王七年，成王举行了隆重的开国大典，即"成周之会"。参加大会的有分封诸侯和四夷使节。据《逸周书·王会解》记载，来自西域的有渠叟、康氏、大夏、莎车、大月氏等国；来自北方草原的有匈奴。诸国献礼名目繁多，有犬、犀牛、骆驼、野马、李果、白玉等名产。

由于"成周之会"意义重大，其管理职能由以周公为首的"卿事寮"行使。"成周之会"作为周王朝定制，定期举行。成周一直是周天子会盟诸侯和四夷朝贡周天子的朝贡贸易中心。

东周春秋时期，随着王室逐渐衰微，朝贡贸易的规模越来越小。但在战国时期，随着封建生产关系在各国先后的产生和确立，各国之间商品交换日益扩大，雒邑"天下街居"的位置优势空前发挥：北方的马匹，南方的象牙，西方的皮革，东方的鱼盐，中原的丝绸，无所不有；雒阳巨商转毂郡国，无所不至，涌现出既有经商理论，又有雄厚资本的白圭、师史这样著名的大商人（《史记·货殖列传》）。

白圭，雒邑人，司马迁在《史记·货殖列传》中说："白圭乐观时变，故人弃我取，人取我与。夫岁孰取谷，予之丝漆；茧出取帛絮，予之食。明岁衰恶。至午，旱；明岁美。至酉，穰；明岁衰恶。至子，大旱；明岁美，有水。至卯，岁倍。欲长钱，取下谷；长石斗，取上种。能薄饮食，忍嗜欲，节衣服，与用事僮仆同苦乐，趋时若猛兽挚鸟之发。故曰：'吾治生产，犹伊尹、吕尚之谋，孙吴用兵，商鞅行法是也。是故其智不足与权变，勇不足以决断，仁不能以取予，疆（强）不能有所守，虽欲学吾术，终不告之矣。'盖天下言治生祖白圭。"

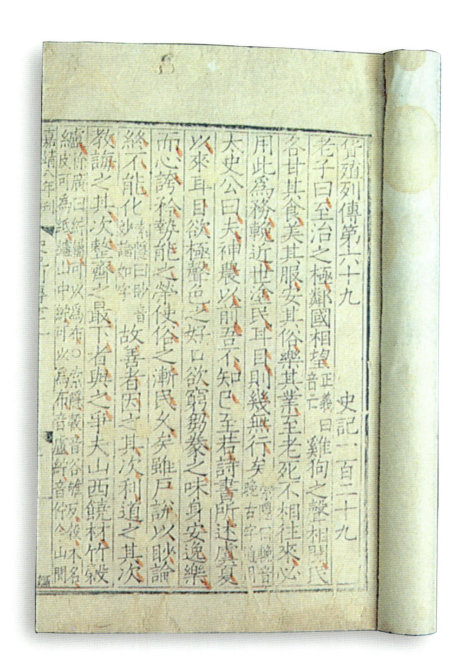

《史记·货殖列传》书影

# 第三节　草原之路东端起点的形成

## 一、大夏西迁和西北通道的开辟

河洛地区是夏人的发祥地。夏朝建立前，夏部落中的一支北渡黄河，居于晋南，号称"大夏"。（唐嘉弘：《中国古代民族研究》，商汤克夏，对夏人实行严密控制。大夏不愿做顺民，举部西迁，经河套居于临夏（今甘肃临夏）。西周成王七年在成周举行开国大典，大夏遣使到雒邑朝贡。春秋秦戎争霸，大夏求安而西迁，越过葱岭，最终定居在阿姆河流域。在大夏之后，大月氏受匈奴逼迫，沿着大夏西迁之路而西迁。西汉初期，大月氏臣服大夏。张骞出使西域，沿着大夏、大月氏西迁之路，经大月氏而到大夏。在长达近两千年的漫长岁月里，大夏从河洛出发，万里西迁，踏出了一条从中原雒邑绕经西北而向西域的曲折通道，作为探索中西陆路交通的先驱，立下了不可磨灭的历史功勋。

## 二、淳维北迁与中西草原之路的开辟

与大夏始迁同期，夏人的另一支随其首领淳维北迁草原，经与草原土著人的融合，形成匈奴组群（据唐嘉弘先生观点）。西周开国时，匈奴遣使朝贡。战国时期，匈奴在草原崛起。其势力范围，东抵赵国之北，西入阿尔泰山和昆仑山之间，南临秦之河套。凭着游牧民族特有的流动能力，匈奴铁骑活跃在辽阔的草原上，踏出了和西北通道并行的草原之路，为中原同西域的交流开辟了新的途径。

## 三、穆王西游与草原丝路的贯通

根据战国人所著的《穆天子传》和今人顾实所撰的《穆天子西征讲疏》，勾勒出穆王西游的路线图。西行路线：宗周（实为成周）瀍水（洛河支流）→北渡黄河→躅山（山西高平）→绝陉之关（雁门关）→西折阳纡山（内蒙古境）→燕然山（内蒙古境乌拉山）→温谷乐都（青海乐都）→积石南河（黄河流经大积

16

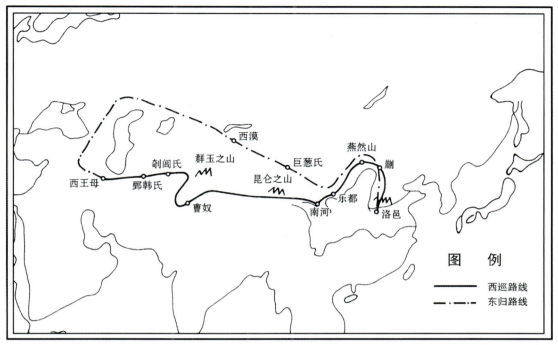

周穆王西巡线路图

《穆天子传》中
的西王母画像

17

石山之南段）→河水之阳（南河北岸）→昆仑山→春山（葱岭）→赤乌（阿富汗境）→黑水（泽普勒善河）→群玉山（叶尔羌到密尔岱山）→铁山（达瓦尔兹山喷赤河支流完治河边）→玄池（登吉斯湖）→苦山（伊朗马什哈德）→西王母之邦（黑海、咸海）。东归路线：旷原（南俄草原）→温山（土耳其阿拉拉特山）→戊口之山（俄罗斯西北部瓦尔戴丘陵）→献水（伏尔加河）→瓜绐之山（乌拉尔山）→沙衍（咸海以北沙漠）→滔水（楚河）→苏谷（伊色克湖）→黑水河（疏勒河）→采石山（疏勒北山）→文山（青海湖滨）→焚留之山（日月山）→澡泽（渗泽）→雷首（山西山阴西北）→翟道（平定至潞城）→太行（羊肠坂）→南渡黄河→宗周（成周）。

（一）沿途赠献　穆王西游随行士卒六师之众，携带大量丝绸与金银，所到之处，进行平等友好的赠献交换。沿途经过的部族有河宗、居虑、珠泽、赤乌、曹奴、容成、潜时、甄韩、西王母、羽陵、智氏、命怀、西膜、文山、渠叟、犬戎等等。所获贡献之物有兽皮、牲畜、酒食、玉器、麦类等。穆王赠予的物品有丝绸、金银、朱丹、桂姜等。

疏勒河远景

（二）穆王西游的传说是草原丝路东端起点形成的标志　穆王西游的故事带有神话色彩，因而长期被视为传说而不被重视。随着考古学的进步和史学研究的发展，诸多学者发现穆王西游的故事中有许多可信之处。夏商周断代工程首席顾问李学勤认为："但近年对西周青铜器铭文的研究已经证明其间的若干人物实有其人，并非虚构，所以还是反映了周人与西域交通的真实。值得注意的是，周穆王西行的起点、终点都是成周（《穆天子传》作"宗周"），以由成周到所谓西北大草原的路线来计算，远远超过我国的疆界之外，这最低限度地表明了先秦人们对东西交通的认识。"西域史学者宋晓梅通过对原苏联境内阿尔泰地区巴泽雷克墓出土四山纹镜、洛阳中州路2717号墓出土蜻蜓眼的来源考证，得出结论："《穆天子传》的主人公从洛阳启程，西去阿尔泰，正是洛阳在东西方经济文化交流中所处地位的真实写照。楚地所铸四山纹镜，由洛阳传入阿尔泰，也就不足为怪了"；"上述道路（草原丝绸之路），在西汉政府正式开通河西路之前，承负着古代中国与外部世界交往的交通干线的使命。这条早期丝绸之路的东部起点，正是中州大地上的明珠，东周之都——洛阳"。

洛阳出土的蜻蜓眼玻璃珠

| ① | ② |
|---|---|
| | ③ |

① 何尊
② 何尊铭文
③ 巴泽雷克墓出土四山纹镜

通过对《穆天子传》去伪存真的科学剖析，吸收学术界的最新研究成果，笔者认为：无论《穆天子传》的主人公是谁，先秦时期草原丝绸之路的贯通都与有关史料信息反馈、丝路出土文物证明相吻合；由于《穆天子传》成书时间不晚于公元前4世纪，那么草原丝绸之路的贯通是在公元前4世纪之前，作为三代王都、交通中枢、经济中枢、两周朝贡中心、万里行程始点和终点的洛阳，就是贯通欧亚大陆的草原丝绸之路的东端起点。

# 第二章　东汉丝路东端起点的形成与兴盛

## 第一节　东汉京师

东汉光武帝建武元年（25年）六月，刘秀于鄗（今河北柏乡）称帝。十月南渡黄河，从氾水登岸，重行西汉高祖之路，西入洛阳南宫，定洛阳为首都。从光武帝入居洛阳到董卓挟汉献帝西迁长安的初平元年（190年），洛阳历经东汉十四帝，为统一的帝国首都166年。

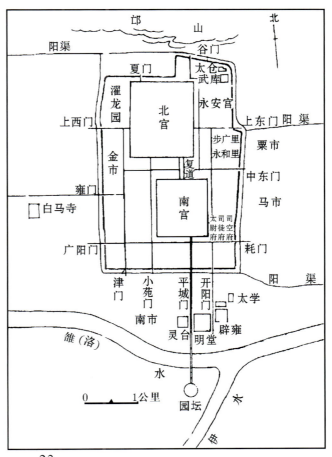

东汉洛阳城市规划示意图

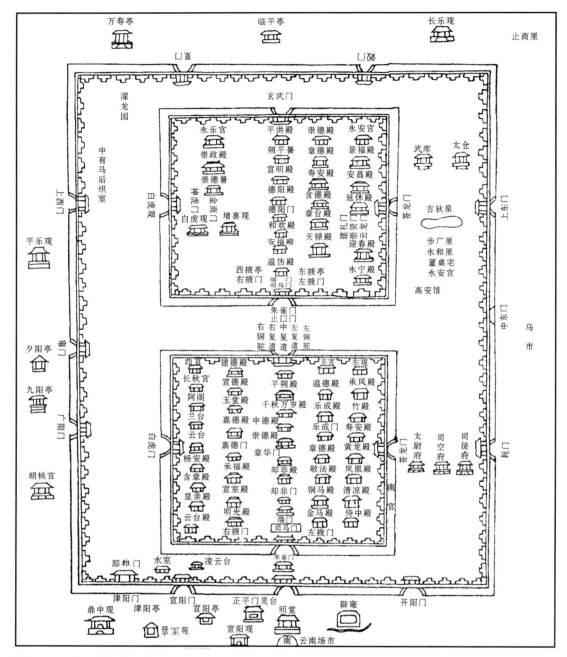

《元河南志》载东汉洛阳都城图

在西汉初年汉高祖所居宫城基础上，从建武二年（26年）开始，光武帝令建洛阳城。随着国力的不断提高，都城建设持续进行。至东汉灵帝中平二年（185年）董卓祸乱京师时止，洛阳城扩展为东西六里、南北九里的"九六城"，一批重要设施已经建在城池的北、西、南三面，呈现出三面发展的城建趋势。

# 第二节　东汉经济中枢

## 一、东汉交通中枢

（一）水路交通中枢　东汉建武二十四年（48年），大司空张纯主持开凿区段运河阳渠：从河南县城西南，引洛水经城南，纳谷水、瀍水，绕京城过偃师县注入洛河。阳渠开通后，洛阳成为全国的漕运中心：向西北上溯关中，向东北下流渤海，向东南穿鸿沟而达江淮。

（二）陆路交通中枢　在秦驰道的基础上，东汉王朝把京师洛阳通向四面八方的陆路几经拓宽和延长，形成辐射全国的网络。其中，北崤道西出函谷关，经弘农（今灵宝）直通秦陇；旋门道出旋门关（今荥阳汜水）东到大海；伊阙道出广成关（今汝州临汝镇）南下襄阳，或东南下江淮；孟津道过黄河分流并州、冀州。为控制全国交通，东汉政府在京畿要塞设置八个关隘，形成牵一发而动全局的中枢神经。八关分别是函谷关、伊阙关、广成关、大谷关、旋门关、辕辕关、小平津关、孟津关。

函谷关古道

（三）对外交通中枢　　东汉京师洛阳作为全国统一的首都，对外陆路大道分别是豫秦陇西域道、云中草原道、西南掸国道、西南日南道、朝鲜日本道。

豫秦陇西域道　　先秦时期的草原丝绸之路到秦汉之际被日益强大的匈奴垄断，所以秦代从咸阳出发到西域的陆路干道只能走秦陇西域道。西汉前期，匈奴经常南犯，屡断河西走廊。到汉武帝时以卫青、霍去病抗击匈奴，夺回秦陇西域道，派张骞出使西域，恢复了秦陇西域道交通，长安成了中西丝路东端的起点。东汉建立后，秦陇西域道连接豫西走廊东延到京师洛阳，这就是"豫秦陇西域道"。东汉明帝前，北匈奴控制西域，威胁河西走廊，豫秦陇西域道长期中断。从明帝抗击匈奴的战争开始后，逐步控制豫秦陇西域道；班超出使西域后，恢复了豫秦陇西域道交通，洛阳成为中西丝路东端的起点。东汉以后，北匈奴主力西

汉长城

迁，余部归汉，豫秦陇西域道相继控制在建都洛阳的曹魏、西晋、北魏手中。豫秦陇西域道的行经路线是洛阳→豫西走廊→关中→河西走廊→西域南北道。其中，豫西走廊水陆并行。水路行经路线是洛阳→阳渠→洛河→汜水→黄河→上溯孟津→晋豫大峡谷→河曲（今风陵渡）→渭水。陆路行经路线是洛阳→函谷关→弘农→秦函谷关→关中。

云中草原道　即先秦时期的草原丝绸之路。东汉抗击匈奴之前，一直因匈奴垄断草原而不通。东汉抗击匈奴之后，解决了匈奴为患的问题，草原丝绸之路

汉代烽燧

复通。草原丝绸之路较豫秦陇西域道远而利用率大大降低。云中草原道的行经路线是洛阳→河内→太行山径→上党→并州→雁门→云中（今内蒙古托可托）→龙城（今蒙古国硕柴达木湖）→阿尔泰→西域南北道。

西南掸国道 掸国是公元初由傣族先民建立的国家。地域包括今云南德宏以南、伊洛瓦底江以东的缅甸东部地区。东汉永平十二年（69年），汉明帝在掸国以北设置永昌郡（今云南保山），与掸国为邻。双方的友好往来，产生了西南掸国道。该道行经路线是洛阳→豫西走廊→长安→汉中→成都→邛都（今云南西昌）→永昌→掸国。西晋王朝沿用此道。

西南日南道 西汉武帝时在中南半岛设置交趾郡（今越南北部）、九真郡（今越南中部）、日南郡（今越南南部），有曲折道路从长安通到日南。东汉王朝沿袭西汉管辖三郡，建初八年（83年），章帝接受大司农郑弘建议，"开零陵、桂阳峤道，于是夷通"（《后汉书·郑弘传》）。西南日南道行经路线修改为洛阳→南阳→襄阳→江陵→桂阳（今湖南长沙）→零陵→桂林（今广西百色东北）→象郡（今广西崇左）→交趾→九真→日南。

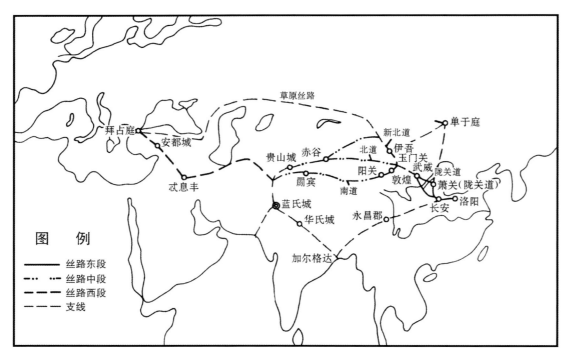

东汉丝路交通主要线路图

28

朝鲜日本道 东汉朝鲜日本道行经路线是洛阳→河内（今沁阳）→魏郡（今安阳）→冀州→幽州→辽东→朝鲜半岛→日本。

## 二、全国物流中心

先秦时期已经确立的全国物流中心地位,在汉魏时期得到充分体现。西汉武帝时,每年通过洛阳西漕长安的粮食通常在四百万石左右,最多时"山东漕益岁六百万石"。所以汉武帝曾说:"洛阳有武库敖仓,天下冲厄,汉国之大都也。"(《史记·三王世家》)东汉时期,随着阳渠的开通,"大船万艘,转漕相过"(《后汉书·文苑列传·杜笃》),河洛漕运成为帝国的生命线。西晋时期,上凿陕南山,下拓汴渠,分别增大了洛河、汴河流量,陕南之木、江淮之粟直入京师。西晋灭亡后到北魏迁都洛阳前,河洛航运演变为南征北伐的军运线。东晋太元八年(383年),前秦王苻坚南征东晋,利用河洛水系,"水陆并进,运漕万艘"(《晋书·苻坚载记》)。东晋义熙十二年(416年),刘裕北伐后秦,宋军沿淮入黄,由黄入洛,舟师直抵洛阳附近的港口檀山坞。攻克洛阳后,大军由洛入黄,由黄入渭,攻克长安。十三年(417年),刘裕水军班师,"自洛入河,开汴渠以归"(《宋书·武帝纪》)。刘裕北伐,创造了中国战争史上南北战争中水运南师、北克东西两京的辉煌战例。

## 第三节 发自洛阳的抗匈复路战争

### 一、东汉初期汉匈形势

西汉抗击匈奴的战争虽然取得重大胜利,但匈奴实力尚存。东汉初年,匈奴贵族利用本族人民反抗王莽政权统治时期的遗留情绪,经常南下掳掠,甚至深入到扶风、天水一带。由于当时东汉统治尚未稳定,光武帝刘秀采取防御措施和"和亲"政策。建武二十二年(46年),匈奴贵族内部发生内讧,日逐王比自称呼韩邪单于，率众四五万人南附东汉，定居在云中、美稷、定襄、雁门一线，被称为"南匈奴"，留在原地的匈奴人被称为"北匈奴"。南匈奴归汉后，农牧业

匈奴人狩猎岩画

生产日益稳定，呈现出汉化趋势。北匈奴经过十几年生息，国力得到恢复，于是再度南犯，迫使河西郡县"城门昼闭"，丝路交通常年中断。汉明帝即位后，

河仓故城遗址

府库充实，国力日盛，于是变防御为进攻，拉开了抗匈战争的序幕。

## 二、天山会战与丝路西延

永平十六年（73年），汉明帝遣车骑都尉窦固等部，分别从酒泉、居延、高阙、平城出兵，会攻北匈奴主力于天山，"击呼衍王，斩首千余级"（《后汉书·西域传》），北匈奴呼衍王受创越沙漠北走。汉军乘势夺取西域东面门户伊吾庐（今新疆哈密）。

明帝下令设置宜禾都尉，驻军屯田。于是，"于阗诸国皆遣子入侍。西域自绝六十五载，乃复通焉"（《后汉书·西域传》）。天山会战的胜利，恢复了长期中断的河西交通，将丝绸之路延长到长安以西八百里的洛阳。

于阗和犍陀罗出土的斯基泰马具

于阗宗教圣地——牛角山

## 三、白山会战与西域都护复置

永平十七年（74年）十一月，鉴于北匈奴主力仍存，汉明帝调兵遣将，再攻匈奴，"遣奉车骑都尉窦固、驸马都尉耿秉、骑都尉刘张，出敦煌昆仑塞，击破白山（天山东端）虏于蒲类海上，遂入车师，初置西域都护、戊己校尉"（《后汉书·明帝纪》）。白山会战，再创匈奴，复置西域都护，恢复了对西域的行政管辖。

## 四、稷落山会战与丝路复通

永平十八年（75年），汉明帝驾崩。北匈奴乘机围困戊己校尉关宠于柳中；西域亲匈四国焉耆、危须、尉犁、龟兹，发兵攻杀西域都护陈睦、副都护郭恂及吏士两千多人。新即位的汉章帝因国内"大旱谷贵"（《后汉书·杨终传》），停止对匈奴的军事行动，撤回戊己校尉，罢去屯田之兵；放弃对西域的经营，不再派遣西域都护。汉军退走后，北匈奴重占伊吾庐，控制了西域北道。永元元年（89年），汉和帝登基，决定对匈奴开战。次年，车骑将军窦宪与驸马都尉耿秉率汉军出朔方，与北匈奴主力决战于稷落山。北匈奴大败，降者二十余万。汉军追击两千余里，至燕然山（今蒙古国杭爱山）刻石颂功而还。稷落山会战，重创北匈奴。次年，东汉军队收复伊吾庐，重建西域都护，再次恢复了丝路交通。

## 五、金微山会战与北匈奴主力远遁

稷落山会战之后，北匈奴单于集结残部在金微山（今阿尔泰山）北麓。窦宪遣左校尉耿夔暗出居延塞，将北匈奴包围。北匈奴单于突围远遁，不知去向。余众十余万口散入故地，与另一支游牧民族——鲜卑，开始了新的融合。

## 六、班勇在西域的抗匈战争

金微山会战换来了丝绸之路十六年间的安宁。汉安帝即位后永初元年（107

年），爆发了大规模的羌人大起义，震动关中，威胁洛阳。汉安帝为全力镇压羌人大起义，下诏罢西域都护和屯田汉军。东汉势力一撤走，消失的北匈奴再次出现，控制了西域和丝绸之路。安帝延光二年（123年），羌人大起义转入低潮，安帝采纳敦煌太守张珰的建议，拜班勇为西域长史，将兵五百人，抗匈复路。班勇凭借其父班超在西域的号召力，招募骑兵一万余人，首战车师前王庭，击退北匈奴伊蠡王，收降卒五千余人；再战车师后部，大败北匈奴呼衍王，收其部众两万余人；三战北匈奴单于，追杀单于贵人。班勇三战三捷，为东汉王朝第三次打通丝绸之路。北匈奴望风披靡，再度远遁。

《汉西域诸国图》（部分）

汉长城

北庭故城遗址

汉代烽燧

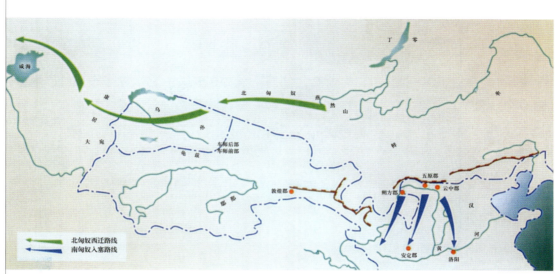

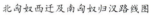

北匈奴西迁及南匈奴归汉路线图

甘肃敦煌汉长城

## 七、敦煌太守的抗匈斗争

　　班勇抗匈战争的胜利，又一次换来了丝绸之路十余年的和平。然而东汉王朝后期，危机四伏，已到了风雨飘摇之时。北匈奴残存势力伺机南犯，扰乱丝路交通。东汉敦煌太守以一郡之力，积极抗击北匈奴残存势力。顺帝阳嘉三年（134年），敦煌太守张珰发西域骑兵六千骑，袭击北匈奴呼衍王，失利于勒山；顺帝永和二年（137年），敦煌太守裴岑率郡兵三千人驰援，斩杀北匈奴呼衍王于车师后部；桓帝元嘉元年（151年），北匈奴新呼衍王带三千骑进犯伊吾庐，敦煌太守司马达发郡兵四千人往救，北匈奴新呼衍王闻讯后退兵。

甘肃玉门关

# 第四节 东汉三通西域

## 一、东汉初期汉与西域的关系

王莽统治时期，西域仅莎车一国与西汉一直保持交往，其他都依附匈奴。东汉光武帝建武十四年（38年），莎车、鄯善两国遣使到洛阳进贡，率先与东汉建立关系。建武十七年（41年），莎车遣使到洛阳，请求派遣西域都护。光武帝因中原未定，没有答应，建武二十一年（45年），鄯善、车师、焉耆等十八国遣子入侍洛阳，请求东汉派遣西域都护。光武帝因北方未附，依然没有答应，并礼送十八国侍子归国。在东汉无力兼顾西域的背景下，匈奴进一步控制了莎车，操纵各国政局，统治了整个西域。汉明帝即位后，北方归顺，国力增强，于是决定恢复丝路交通，采取标本兼治策略，一方面抗击匈奴，一方面经营西域。

## 二、一通西域

班超，字仲升；东汉史学家班彪之次子，班固之弟，班昭之兄。班超少时博览群书，志在建功疆场；30岁随兄迁居洛阳，以缮写谋生。明帝永平十六年（73年），汉军出击匈奴，班超投笔从戎，应募出征。汉军西出玉门关后，班超以假司马之职率部袭击西域门户伊吾庐，首战告捷，初露锋芒。汉军与匈奴大战之前，欲先争取西域诸国，断匈奴右臂。大将军窦固便派班超率36人出使西域。班超一行先至鄯善，适逢北匈奴使团到达，于是当机立断，深入虎穴，火攻匈奴营帐，全歼匈奴使者，迫使鄯善弃匈亲汉。班超一行转到于阗，击杀亲匈神巫，促使于阗王杀匈奴使臣归顺东汉。永平十七年（74年），班超一行抵达疏勒，智擒亲匈国王，另立故王。疏勒人感激班超复国之恩而归汉。是年，汉军进入西域，臣服车师，设置西域都护府和戊己校尉，在内外夹击之下，西域五十五国全部归汉，丝绸之路畅通洛阳。

敦煌莫高窟454号窟洞顶壁画上的于阗都城

### 三、二通西域

东汉二通西域即"班超二通西域"。

永平十八年（75年）八月，汉明帝死，新即位的章帝为稳定朝廷，撤回汉军。北匈奴乘机攻占车师，焉耆、龟兹联合反叛，攻杀西域都护陈睦。章帝无法内外兼顾，于次年撤去西域都护府和戊己校尉，并通知班超还京。班超欲行，疏勒、于阗两国人民苦苦挽留。班超不忍，决定留在西域。

在与内地失去联系的恶劣环境中，班超不畏艰险，立足疏勒，积极应变。章

40

帝元和元年（84年），莎车引诱疏勒王忠反叛。班超另立新王，调兵退忠。元和三年（86年），忠借康居之兵，杀回疏勒；与龟兹密谋，诈降班超。班超将计就计，杀忠破其部，消灭了疏勒反叛势力，把疏勒建成了可靠的根据地。

疏勒河

为从根本上解除北匈奴和反叛势力的军事威胁，班超以疏勒、于阗为依托，组建了一支自卫武装——南道联军，稳定了南道局势。之后，凭着杰出的政治、军事、外交才能，班超指挥这支军队进行了机动灵活的自卫战争。章和元年（87年），班超挥军北上进攻莎车，"龟兹王发温宿、姑墨、尉头兵合五万人救之"（《后汉书·班梁列传》）。班超佯称两路撤军，引诱龟兹王分兵设伏，乘虚回军袭击莎车军，歼敌五千人，"莎车遂降，龟兹等国各退散。自是威震西域"（《后汉书·班梁列传》）。

敦煌牛头墩烽燧

莎车之战，惊动了西邻大月氏。大月氏害怕东邻强大，决定出兵干涉。汉和帝永元二年（90年）。大月氏副王谢统军七万东越葱岭，进攻疏勒。在大兵压境的严峻态势下，班超采取坚壁清野之策，以逸待劳。大月氏军久攻疏勒不克，粮秣将尽，便遣使往龟兹求援。班超早有防备，设伏截杀大月氏使者。大月氏军粮用尽，无力作战，请罪求归。班超不杀一兵一卒，全部放生。大月氏感恩戴德，从此与东汉修好。

班超打败大月氏的消息震动了西域北道。永元三年（91年），一向与东汉为敌的龟兹等国纷纷归汉。班超因功升任西域都护，将都护府迁到龟兹。

永元六年（94年），班超指挥联军七万人进攻最后一个反汉堡垒 ——焉耆。焉耆王叛心不改，明降暗抗。班超诱杀焉耆王，另立新王，保证焉耆悉心归汉。至此，西域五十五国全部臣服，匈奴势力退出西域，通向洛阳的万里丝路再度畅通。

班超像

## 四、三通西域

　　班超在西域经营三十年，五十五国由乱入治，匈奴远遁，周边和睦，丝路呈现出繁荣景象。和帝永元十四年（102年），70岁高龄的班超告老还京。永元十七年（105年），和帝驾崩，安帝即位，河西爆发羌人大起义。安帝为安内而罢西域都护和屯田汉军。北匈奴余部复起，控制了西域北道，与叛汉的车师后部王军就合兵攻杀西域长史索班，再次中断丝绸之路。羌人大起义平息之后，匈奴依然进犯河西，敦煌太守接连向洛阳告急。掌握朝廷实权的邓太后闻班超之子班勇有其父之风、其父之志，便召勇问计。班勇回答：汉通西域，匈奴势弱；西域屈从匈奴，匈奴得西域之财富而势强，匈奴强则河西危。因此，他建议朝廷："置校尉以捍抚西域，设长史以招怀诸国。"（《资治通鉴·汉纪四十二》）此后，邓

敦煌富昌烽燧

太后虽然在敦煌设置西域副校尉，但没有向西域遣使。直到延光二年（123年），安帝才接受尚书陈忠建议，以班勇为西域长史，经营西域。

玉门关遗址

班勇少年长在西域，加上其父在西域的影响，深得民望。延光四年（125年），班勇调集鄯善、疏勒、车师前部等国之兵和河西郡兵，进攻亲匈的车师后部，"击后部王军就，大破之，获首虏八千余人，生得军就及匈奴持节使者，将至索班没处斩之，传首京师"（《资治通鉴·汉纪四十三》）。此役震动北道，车师各部臣服。次年，班勇大破北匈奴呼衍王，残部再度远遁。顺帝永建二年（127年），"西域长史班勇、敦煌太守张朗讨焉耆、尉犁、危须三国，破之，并遣子贡献"（《后汉书·孝顺孝冲孝质帝纪》）；"于是，龟兹、疏勒、于阗、莎车等十七国皆来服从"（《后汉书·西域传》）。至此，西域五十五国归汉，第三次通达京师洛阳。

## 第五节 东汉丝路的延长与两点交臂

### 一、甘英出使大秦与丝路延长

班超安定西域和汉军驱逐匈奴之后，东起京师洛阳，西到葱岭的万里丝绸之路上，呈现出商队连绵的繁荣景象。从西方商人所言得知，丝绸之路的西端起点是著名的罗马帝国的首都——罗马；罗马帝国的版图比秦朝还大，中国商人习惯称其为"大秦"；其首都罗马与洛阳一样，是一个国际性的大都会，中国的丝绸在那里像西方的珠宝一样昂贵。素有张骞探险之志的班超欲直接建立东汉与罗马的友好关系，便派副使甘英出师大秦。和帝永元九年（97年），甘英一行踏上了茫茫西行之路。《后汉书·西域传》载："都护班超遣甘英使大秦，抵条支，

罗马玻璃项链
（公元1—2世纪）

临大海欲渡，而安息西界船人谓英曰：'海水广大，往来者逢善风三月乃得渡；若遇迟风，亦有二岁者，故入海，人皆赍三岁粮。海中善使人思土恋乡，数有死亡者。'英闻之乃止。"其中的安息，即安息帝国，领土大致是今西亚范围，条

① 大英图书馆藏尼雅出土记有"汉精绝王"的汉简
② 东罗马金币

①  ②

支即今波斯湾。其实，从波斯湾转地中海到罗马并非像安息船人所言那样遥远，由于不知深浅，听安息船人一番夸大其辞之言，甘英竟望而却步了。

甘英虽然未到心目中的大秦，但他毕竟是古代中国探求开辟欧亚交通的第一人。此前，西汉使者西行最远之地是乌弋国。乌弋国"去长安万二千二百里……绝远，汉使希至，自玉门、阳关出南道，历鄯善而南行，至乌弋山离。南道极矣"（《汉书·西域传》）。乌弋国还远在甘英所临大海之西。《后汉书·西域传》曰："九年，班超遣掾甘英穷临西海而还。皆前世所不至，《山经》所未详，莫不备其风土，传期珍怪焉"；"其后甘英乃抵条支而历安息，临大海以望大秦，距玉门、阳关者四万余里，靡不周尽焉"。

甘英所至"西海"距玉门、阳关四万余里，加上玉门、阳关到洛阳的距离则有四万五千里。从洛阳出发到"西海"，甘英的行程与西汉使者的行程相比，多出一倍，整整延长了二千二百多里。

## 二、大秦出使东汉与秦汉交臂

在东汉探求西行大秦之路的同一时期，罗马帝国为降低因中转环节过多而不断提高的丝绸价格，满足国民日益增长的丝绸需求，"其王常欲通使于汉"（《后汉书·西域传》），急于直通渴望已久的丝绸之国。然而，罗马帝国的东邻安息

罗马金币

波斯银币

帝国，正是利用自己在丝绸之路上的中转站位置，来攫取丝绸贸易的巨额利润，"而安息欲以汉缯彩与之交市，故遮阂不得自达"。所以，安息帝国不惜以武力阻挡罗马人的东进并企图直接与东汉开展丝路贸易，安息帝国东邻贵霜帝国也以同样手段对付安息帝国的东进甚至出兵入侵西域。随着罗马军团东进安息失败，安息大军遭到贵霜帝国的顽强抵抗，贵霜七万步骑干涉班超经营西域的企图也被粉碎，三大帝国才不得不各守疆界，分享丝路贸易之利。在东进安息失败后，罗马人为实现直通东汉的愿望，只得另辟蹊径，南出地中海、红海，沿波斯湾过印度洋，东至中南半岛南端，从日南北上东汉京师洛阳。汉桓帝延熹九年（166年），"大秦王安敦遣使自日南徼外献象牙、犀角、瑇瑁，始乃一通焉"（《后汉书·西域传》）。

## 第六节　东汉丝绸之路东端起点的形成

### 一、三条丝绸之路的东端起点——洛阳

经过东汉王朝长达一个世纪的经营，以洛阳为起点的丝绸之路分北、中、西三条。北路是向西延长的草原丝绸之路。在东汉帝国连续性的军事打击下，在鲜

中国境内出土的罗马琥珀项链

卑、西域的左右攻击下，北匈奴不能立足草原，其主体向欧洲迁徙，余部或内附于汉，或与鲜卑融合。随着匈奴民族在草原上的消失，以洛阳为起点的草原丝绸之路畅通无阻。随着北匈奴主体向欧洲中部的深入，草原丝绸之路向西延长：沿着阿勒泰山北麓，巴尔喀什湖、咸海、黑海北岸，指向中欧。中路是中央丝绸之路。该路从洛阳出发，经豫西走廊、关中盆地、河西走廊、西域、贵霜帝国，进入安息帝国分道，或北走君士坦丁堡，直抵罗马城，或南走耶路撒冷渡地中海，北上罗马城。南路是海上丝绸之路。该路从洛阳南下，陆行至中南半岛入海，经马六甲海峡、波斯湾、地中海北上罗马城。

## 二、班勇《西域记》与中央丝路里程碑

以洛阳为东端起点的三条丝绸之路中，中央丝绸之路沿线国家多、人口众、路程短、利用价值高。东汉一代，人们对丝路西线沿途诸国的基本情况特别是对距离丝路东端起点洛阳的里程有了比较准确的认识。自幼长在西域、熟悉西域地情的班勇在经营西域期间，写下了权威性的地理名著《西域记》。《西域记》以洛阳为丝绸之路的东端起点，自东向西地记述了洛阳到沿线诸国的里程，树立了一座座通向丝绸之路西端起点的里程碑。其中，葱岭以东的焉耆"去洛阳八千二百里"，莎车"东去洛阳万九百五十里"，葱岭以西的大月氏（贵霜帝国）"去洛阳万六千五百三十七里"，安息"去洛阳二万里"。

## 第七节　东汉丝路东端起点的经济交流

东汉时期，由于北匈奴西迁，南匈奴内附，丝路东端起点洛阳的经济交流主要在中路和南路。

### 一、中央丝路起点的经济交流

东汉一通西域后，西方国家的商人蜂拥而至洛阳，"驰命走驿，不绝于时月；

商胡贩客，日款于塞下"《后汉书·孝明帝纪》。其中，规模大的使团、商队屡见于史册。据《后汉书·孝章帝纪》载，章和元年（87年），"月氏国遣使献扶拔（李贤注：扶拔，似麟无角）、师子"；章和二年（88年），"安息国遣使献扶拔、师子"。据《后汉书·西域传》载，"章和元年（87年），月氏国遣使献扶师子、符拔"；永元三年（91年），"其条支、安息诸国，至于海濒四万里外，皆重译贡献"，"远国蒙奇、兜勒皆来归服"；永元十三年"安息王满屈献师子及条支大鸟，时谓之安息雀"。据《后汉书·孝和孝殇帝纪》载："永元二年（90年）夏，班超大败月氏王谢，月氏震怖，岁岁奉献。"又据《后汉书·孝和孝殇帝纪》载，永元十二年（100年）十一月，"西域蒙奇、兜勒二国遣使内附，赐其王金印紫绶"。

出土于新疆的东汉织锦

通过频繁的朝贡，西方国家直接购买或换取大量的丝绸、瓷器、茶叶到西方交换，得到价比黄金的高额利润。由此，西方的狮子、孔雀、鸵鸟、观赏植物进入皇家园囿，香料、装饰品进入富贵之家，水果、蔬菜、草药种子传入民间，丰富了东西方人民的生活。同时，许多异国商人定居洛阳，其风俗习惯对京城贵族产生了很大影响，以至于在汉灵帝时出现了"胡化热"，"灵帝好胡服、胡帐、胡床、胡座、胡饭、胡箜篌、胡笛、胡舞，京都贵族皆为之"。

洛阳出土的东汉玻璃瓶

## 二、西南海陆丝路起点的经济交流

东汉一代，洛阳与中南半岛以西海洋国家日南（今越南南部）、叶调（在今印度尼西亚）、掸国（今缅甸东部）的经济交流通过西南丝绸之路频繁进行。

秦汉造船工厂遗址

据《后汉书·孝和孝殇帝纪》载，和帝永元九年（97年），"永昌徼外蛮夷及掸国重译奉贡"；《后汉书·南蛮西南夷列传》载，安帝永初元年（107年），"徼外僬侥种夷陆类等三千余口举种内附，献象牙、水牛、封牛"；《后汉书·孝顺孝冲孝质帝纪》载，顺帝永建六年（131年），"日南徼外叶调国、掸国遣使贡献。李贤注《东观记》曰：'叶调国王遣使师会诣阙贡献，以师会为汉归义叶调邑君，赐其君紫绶，及掸国王雍（田）[由]亦赐金印紫绶'"。据《后汉书·孝桓帝纪》载，桓帝延熹二年（159年）、四年（161年）"天竺国来献"。《后汉书·西域传》记："至桓帝延熹九年，大秦王安敦遣使自日南徼外献象牙……始乃一通焉。"即在公元166年，大秦使团打通了东西两点之间的海陆丝绸之路。

## 第八节 东汉丝路东端起点的文化交流

## 一、佛教交流

（一）**永平求法** 据《魏书·释老志》、《四十二章经序》记载，汉明帝永平十年（67年），明帝以夜梦金光飞神而问群臣，大臣傅毅解释：此神是天竺（今印度）国得道升天之神，天竺人称之为"佛"，家家户户读经念佛。于是，明帝派遣蔡愔、秦景、王遵等人出使天竺求经。其时，天竺北部隶属大月氏帝国。所

白马寺门

以，蔡愔一行至大月氏境内，遇到了天竺高僧摄摩腾、竺法兰，见到了释迦牟尼佛像和四十二章佛经，于是邀请二位高僧到东汉洛阳传经。次年，汉使与二高僧一道，用白马驮载佛像和佛经返回洛阳。

（二）汉明帝创建白马寺　汉明帝礼重高僧摄摩腾、竺法兰，安排二人暂住鸿胪寺。永平十二年（69年），明帝诏令在洛阳城西雍门外三里御道之北修建译经之所，以驮经之"白马"、鸿胪寺之"寺"为译经之所命名，称为"白马寺"。

白马寺摄摩腾画像

白马寺竺法兰画像

白马寺仿自天竺大乘佛教兴起时期以塔为主体的形式布局，突出了塔在寺院的中心位置。《魏书·释老志》载："自洛中构白马寺，盛饰佛图，画迹甚妙，为四方式。凡宫塔制度，犹依天竺旧状而重构之，从一级至三、五、七、九。世人相承，谓之'浮图'。"浮图即塔，用以收藏舍利、佛经、佛像、法器。白马寺所有的佛事活动皆围绕着浮图进行。

（三）西僧来洛译经　东汉一代，来洛阳白马寺翻译佛经的除摄摩腾、竺法兰外，还有安息僧人安世高、大月氏僧人支娄迦谶等西方高僧。

摄摩腾与竺法兰居洛译经　白马寺建成后，天竺高僧摄摩腾、竺法兰长期禅居于此，合力译成四十二章佛经。摄摩腾圆寂后，竺法兰单独译出《十地断解经》四卷、《法海藏经》一卷、《佛本生经》一卷、《佛本行经》五卷。明帝视之为宝典，特令收藏于皇家图书馆——兰台石室。从此，中国乃至东亚就有了第一座官办寺院。白马寺由此被誉为中国佛教的"祖庭"和"释源"。

白马寺门前的"白马"

安世高居洛译经　安世高，安息国太子。其父死，让国与叔父，出家修道。

竺法兰墓

十年研修之后，终于博晓经藏，尤精于阿毗昙学说精髓和禅经之妙。汉桓帝初年，安世高来到洛阳，很快熟悉汉语，改用汉人姓名，用汉语翻译诸经。历时二十余年，译出《安般守意经》、《阴持入经》、《大十二门论》、《小十二门论》等经典三十五部和《四谛经》、《阿含口解》、《十四意经》、《阿毗昙九十八结经》各一卷。汉灵帝末年，军阀混战洛阳，安世高渡江到东南避难，后圆寂于会稽。作为第一位传播阿毗昙学说和禅经的域外学者，安世高将毕生所学献给了中国（《高僧传》卷一）。

支娄迦谶居洛译经　支娄迦谶，大月氏人，于汉桓帝中平年间来到洛阳，长期居住传译梵文。先后译出《道行般若经》十卷、《般若三味经》一卷、《首楞严经》二卷、《阿阇世王经》二卷、《宝积经》一卷。其弟子支亮、再传弟子支谦，皆为著名学者；师徒三人合称"三支"，世传"天下博知，不出三支"（《高僧传》卷一）。

白马寺山门

白马寺内的清凉台

## 二、造纸术西传

东汉和帝时，掌管皇家手工作坊的宦官蔡伦"用树肤、麻头及敝布、鱼网以为纸。元兴元年奏上之，帝善其能，自是莫不从用焉，故天下咸称'蔡侯纸'"（《后汉书·宦者列传·蔡伦》）。蔡伦改进的造纸术，扩大了原料范围，降低了造纸成本，提高了纸的质量和产量，适应和推动了中国文化的发展；通过丝绸之路，传播到中亚、西亚、欧洲、非洲，遍及世界各地，促进了人类文化的传播，是中国人民对世界文明的巨大贡献。

## 三、百戏兴于宫廷

随着丝绸之路的畅通，西方胡人云集洛阳，不同民族特色的歌曲、舞蹈、杂技等娱乐项目进入京师。东汉乐官取其精粹，与中国传统乐舞熔为一炉，专在

洛阳东汉墓俑

东汉墓百戏壁画乐舞图

和林格尔东汉墓百戏壁画

每年正月初一四夷朝会时上演。由于名目繁多，风格迥异，难以名表，故称"百戏"。据《陈氏乐书》载："大予乐少府属官承革令，典黄门鼓吹百戏师二十七人。"表演地点有时在德阳殿，有时在平乐观。《后汉书·礼仪志》记："天子幸德阳殿，临轩。公卿、将、大夫、百官陪伍朝贺，蛮、貊、胡、羌朝贡毕……宗室诸刘亲会万人以上……舍利兽从西方来，戏于庭极，乃毕，入殿前戏水，化比目鱼，跳跃嗽水。"《平乐观赋》云："太和隆年，万国肃清。殊方重译，绝域趋庭……杂罗归谊，集于春正。玩屈奇之神怪，显逸才之捷武……吞刀吐火，燕跃鸟峙……侏儒巨人，戏嬉为偶……"

从文献记载的表演项目可知，多是杂技之类，而杂技正是从西方传入的。《后汉书·南蛮西南夷列传》载，安帝永宁元年（120年），"掸国王雍由调复遣使者诣阙朝贺，献乐及幻人，能变化吐火，自支解，易牛马头。又善跳丸，数乃至

洛阳汉墓出土的百戏陶俑

千。自言我海西人。海西即大秦也，掸国西南通大秦"；《后汉书·孝安帝纪》载，殇帝延平元年（106年），"罢鱼龙曼延百戏"。注曰："《汉官典职》作九宾乐。舍利之兽从西方来，戏于庭，入前殿，激水化成比目鱼，嗽水作雾，化成黄龙，长八丈，出水遨戏于庭，炫耀日光。'曼延者，兽名也。张衡《西京赋》所云：'巨兽百寻，是为曼延'。"

## 第九节　东汉丝路东端起点对东亚国家的辐射

洛阳作为丝绸之路的东端起点，像罗马辐射西欧海洋国家一样，向东辐射着东亚的朝鲜和日本。

### 一、对朝鲜的辐射

东汉建立后，沿袭西汉旧制在朝鲜半岛设郡管辖。其时，朝鲜半岛正处在奴隶制国家诞生时期，据《后汉书·东夷列传》记载，南北诸国相继到洛阳朝贡。建武八年（32年），兴起的高句丽"遣使朝贡，光武复其王号"。二十五年（49年），高句丽之北的夫余国"遣使奉贡，光武厚答报之，于是使命岁通"。永宁元年（120年），夫余王"乃遣嗣子尉仇台(印)[诣]阙贡献，天子赐尉仇台印绶金彩"；顺帝永和元年（136年），"其王来朝京师，帝作黄门鼓吹、角抵戏以遣之"；桓帝延熹四年（161年），"遣使朝贺贡献"；灵帝熹平三年（174年），"复奉章贡献"。

### 二、对日本的辐射

东汉光武帝统治时期，日本岛处在小国寡民时期，其中较大者是倭奴国。据《后汉书·东夷列传》记载，建武中元二年（57年），"倭奴国奉贡朝贺，使人自称大夫，倭国之极南界也。光武赐以印绶"。此印即汉赐倭奴国王印，18世纪后期在日本发现。安帝永初元年（107年），"倭国王帅升等献生口百六十人，愿请见"。

东汉陶船

# 第三章　魏晋丝路东端起点的持续

## 第一节　魏晋洛京

### 一、曹魏洛京

曹魏故城遗址

东汉献帝建安二十五年（220年），曹丕废汉建魏，定都洛阳，史称"曹魏"。从魏文帝黄初元年（220年）到魏元帝咸熙二年（265年），洛阳历经曹魏五帝，为北方政治中心46年。

在东汉洛阳城的废墟上，曹魏重建洛阳城。魏文帝即位后，就广修宫室，建百官朝堂，营立太学，形成了都城的基本轮廓。到魏明帝时，开始了全面建设。太和元年（227年），营建宗庙；青龙三年（235年），"大治洛阳宫，起昭阳、太极殿，筑总章观……筑阊阖诸门……于芳林园中起陂池"；景初元年（237年），"营洛阳南委粟山为圜丘"。经过两代精心建设，洛京城廓巍峨，宫观壮丽，雄风再现。

## 二、西晋洛京

曹魏元帝咸熙二年（265年），权臣司马昭之子司马炎废魏建晋，仍定都洛阳，史称"西晋"。从西晋武帝泰始元年（265年）司马炎称帝至晋怀帝永嘉五年（311年）匈奴汉军攻陷晋都，洛阳历经西晋三帝，为西晋王朝的首都46年，其中为北方的政治中心15年，为全国统一的首都31年。

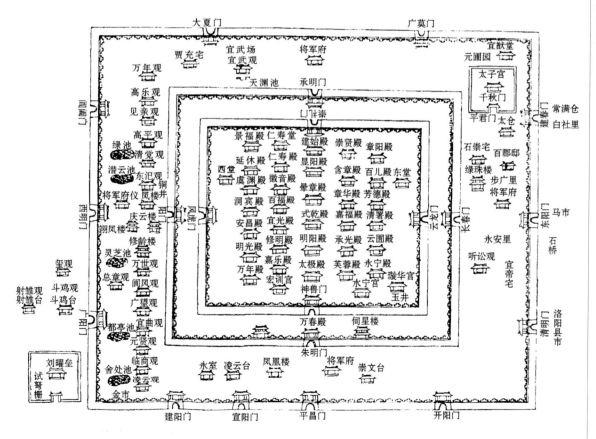

《永乐大典》之西晋洛阳城图

西晋司马氏通过上层政变实现了王朝更替,所以洛阳城完好无损。西晋代魏后国力蒸蒸日上,因而都城建设的任务是增辟和扩建。西晋增辟的设施是国子学、明堂、辟雍、灵台,扩建的工程是一系列园林别馆。

## 第二节　魏晋抗鲜战争与丝路复通

### 一、魏晋抗鲜战争

东汉后期,匈奴部在北方草原上消亡,鲜卑部在北方草原上兴起。鲜卑首

宁夏固原须弥山石窟

领檀石槐建立了强大的部落联盟，"南抄汉边，北拒丁零，东却夫余，西击乌孙，尽拒匈奴故地"（《后汉书·鲜卑传》）。东汉末年，鲜卑趁中原混乱之机，控制了河西走廊。曹魏建立后，击退鲜卑，安定了河西。魏晋之际，鲜卑势力再度渗透到河西走廊。泰始六年（270年）、七年（271年），鲜卑首领树机能纵兵击杀秦州刺史胡烈，斩凉州刺史牵弘，严重威胁西晋的西北边郡。此时的西晋王朝正处在灭蜀之后、伐吴之前，国力正盛。为解除后顾之忧，晋武帝调遣镇西将军、汝阴王司马骏到关中统兵伐胡。据《晋书·武帝纪》载，泰始十年（274年），司马骏发兵，"斩其帅乞文泥等"；《晋书·宣五王列传》载，咸宁三年（277年），

新疆和田尼雅佛殿遗址

汝阴王司马骏发凉、秦、雍三州之兵大破树机能，"安定、北地、金城诸胡吉轲罗、侯金多及北虏热同等二十万口又来降"；《晋书·武帝纪》载，咸宁五年（279

年），"虏帅树机能攻陷凉州……使讨虏护军武威太守马隆击之……十二月，马隆击叛虏树机能，大破，斩之，凉州平"。同期，西域戊己校尉与鲜卑势力展开了激烈斗争。咸宁元年（275年），"西域戊己校尉马循讨叛鲜卑，破之，斩其渠帅"；次年，"鲜卑阿罗多等寇边，西域戊己校尉马循讨之，斩首四千余级，获生九千余人，于是来降"（《晋书·武帝纪》）。

通过抗鲜战争，西晋遏止了鲜卑的军事进攻，保障了丝绸之路的畅通。

## 二、魏晋复通西域

（一）曹魏通西域　公元221年，曹魏建立，仍定都洛阳。魏文帝遣功曹张恭西征，消灭盘踞在酒泉、张掖两郡的割据势力；次年，以张恭为西域戊己校尉（《三国志·魏书·张恭传》），驻于高昌，管辖西域事务，维护丝路交通。

（二）西晋通西域　西晋抗击鲜卑战争胜利后，西域诸国纷纷遣子入侍，表示臣属关系。如《晋书·武帝纪》所载，太康元年（280年），"车师前部遣子入侍"；太康四年（283年），"鄯善国遣子入侍，假其归义侯"；太康六年（285年），"龟兹、焉耆国遣子入侍"。与前代相比，西晋王朝明显加强了对西域各国的控制。

玉门关遗址

## 第三节　魏晋丝路东端起点的经济交流

### 一、曹魏丝路东端起点的经济交流

　　公元220年，曹魏建都洛阳，为三国鼎立时期丝路东端起点的经济交流创造了条件。"魏兴，西域虽不能尽至，其大国龟兹、于阗、康居、乌孙、疏勒、月氏、鄯善、车师之输，无岁不奉贡献，略如汉氏故事。"（《三国志·魏书·东夷传》）文帝黄初三年（222年），"鄯善、龟兹、于阗王各遣使奉献，是后西域遂通"（《三国志·魏书·文帝纪》）。明帝时，因地方豪强欺诈而对来洛胡商采取了保护政策。"欲诣洛者，为封过所；欲从郡还者，官为平取，辄以府见物与共交市，使吏护送道路"（《三国志·魏书·仓慈传》）。在曹魏王朝的保护下，朝贡贸易一直进行下去。太和三年（229年），"大月氏王波调遣使奉献，以调为亲魏大月氏王"（《三国志·魏书·明帝纪》）。明帝景初三年（239年）齐王曹芳即

疏勒河

位，"西域重译献火浣布诏大将军、太尉临试以示百僚"；次年，"焉耆、危须诸国……遣使来献"（《晋书·宣帝纪》）。元帝咸熙二年（265年），"康居、大宛献名马"（《三国志·陈留王纪》）。

## 二、西晋丝路东端起点的经济交流

西晋统一后，洛阳再度成为三条丝路东端的起点、四夷朝贡的中心。其中，远道而来的有欧洲的大秦，东南亚的林邑（今越南北部）、扶南（今柬埔寨）。如《晋书·武帝纪》所记，太康五年（284年），"林邑、大秦国各遣使来献"；太康八年（287年），"南夷扶南、西域康居国各遣使来献"。如《晋书·四夷传》所载，太康六年（285年），大宛王蓝庚卒，"其子摩之立，遣使贡汗血马"；太康中，"其王（大秦王）遣使贡献……咸宁四年，扶南等二十一国来献"；"太康七年九月，西南夷二十余国来献"。

在频繁的朝贡贸易中，西晋人对他国的风情物产已经相当了解。

对于大秦，《晋书·四夷传》记载："大秦国一名犁鞬，在西海之西，其地东西南北各数千里。有城邑，其城周回百余里。屋宇皆以珊瑚为棁栭，琉璃为墙壁，水精为柱础。其王有五宫，其宫相去各十里，每旦于一宫听事，终而复始。若国有灾异，辄更立贤人，放其旧王，被放者亦不敢怨。有官曹簿领，而文字习胡，亦有白盖小车、旌旗之属，及邮驿制置，一如中州。其人长大，貌类中

洛阳汉魏故城出土刻有佉卢文的东汉井阑残石

国人而胡服。其土多出金玉宝物、明珠、大贝，有夜光璧、骇鸡犀及火浣布，又能刺金缕绣及积锦缕罽。以金银为钱，银钱十当金钱之一"……

对于林邑，《晋书·四夷传》记载："林邑国本汉时像林县……去南海三千里。其俗皆开北户以向日，至于居止，或东西无定。……其王服天冠，被缨络，

出土的西晋玛瑙璧

每听政，子弟侍臣皆不得近之……"

对于扶南，《晋书·四夷传》记载："扶南西去林邑三千余里，在海大湾中，其境广袤三千里，有城邑宫室。人皆丑黑拳发，倮身跣行。性质直，不为寇盗，以耕种为务，一岁种，三岁获。又好雕文刻镂，食器多以银为之，贡赋以金银珠香。亦有书记府库，文字有类于胡。丧葬婚姻略同林邑。"

丝路朝贡贸易，使天涯海角的特产汇聚京城，促进了丝路起点的经济交流，也为西晋上层统治者的腐朽生活提供了物质条件。据《晋书·石崇传》载，京师洛阳的王公贵族之家，"后房百数，皆曳纨绣，珥金翠。丝竹尽当时之选，庖膳穷水陆之珍。与贵戚王恺、羊琇之徒以奢靡相尚。恺以饴澳釜，崇以蜡代薪。恺作紫丝布步障四十里，崇作锦步障五十里以敌之。崇涂屋以椒，恺用赤石脂。崇、恺争豪如此。武帝每助恺，尝以珊瑚树赐之，高二尺许，枝柯扶疏，世所罕比。恺以示崇，崇便以铁如意击之，应手而碎。恺既惋惜，又以为嫉己之宝，声色方厉。崇曰：'不足多恨，今还卿。'乃命左右悉取珊瑚树，有高三四尺者六七株，条干绝俗，光彩曜日，如恺比者甚众。恺惘然自失矣。"

## 第四节　魏晋时期丝路东端起点的文化交流

### 一、魏晋佛教交流

（一）**魏晋重建白马寺**　白马寺从诞生之日起，金光流照，法轮常转。然而，汉献帝初平元年（190年），董卓挟持献帝西逃长安时，纵兵火烧洛阳城，二百里内无孑遗，中国佛教的圣地便毁于此难。曹魏明帝青龙二年（234年），魏明帝大起浮图，营建台观。重建了以白马寺为首的洛阳寺院（《魏书·释老志》）。西晋统一后，洛阳佛教文化交流进入佳境。据《洛阳伽蓝记》载，洛阳寺院已有白马寺、东牛寺、菩萨寺、石塔寺、满水寺、大市寺、竹林寺等42所寺院。

昙柯迦罗在洛阳译出佛经后，西域僧人开始在中国担任戒师，按戒律规定授戒度僧；于是，白马寺香火复盛。

白马寺古柏

白马寺

（二）朱士行西天取经　魏元帝景元元年（260年），最先在白马寺受过戒律的洛阳僧人朱士行，"译经不尽，誓志捐身，远求大本"（慧皎：《高僧传·朱士行传》），西渡流沙，驻足于阗，成为中国佛僧西天取经的第一人。朱士行在于阗写成《大品般若》梵本九十章，遣弟子于太康三年（282年）送回洛阳，于元康元年（291年）由竺叔兰译出。

（三）昙柯迦罗居洛译经　昙柯迦罗，古中印度人。少时才悟过人，善学《四韦陀论》。25岁时见到佛籍《法胜毗昙》，请比丘解释后顿觉佛教宏旷，于是舍弃世荣出家，诵读大、小乘经及诸部毗尼。曹魏齐王嘉平元年（249年），昙柯迦罗来到洛阳，发现道风讹替，僧人未禀归戒，便在洛阳大行佛法，为众僧翻译戒律。嘉平二年（250年），昙柯迦罗在白马寺译出《僧祇戒心》一卷，首创中国授戒度僧制度（《高僧传》卷一）。《魏书·释老志》云："天竺沙门昙柯迦罗

白马寺全景

入洛，宣译戒律，中国戒律之始也。"

（四）康僧铠居洛译经　康僧铠，一说天竺人，一说康居人。曹魏齐王嘉平元年（249年）来到洛阳，参加了正在兴起的译经活动。嘉平四年（252年），康僧铠在白马寺译出《郁伽长者所问经》、《无量寿经》等四部经籍（《高僧传》卷一）。

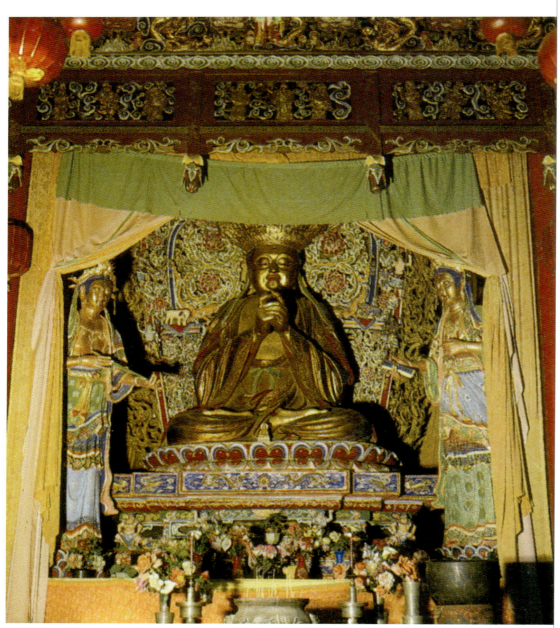

白马寺大殿佛像

白马寺大殿佛像

（五）昙谛居洛译经　昙谛，安息人，精于律学，主张僧众遵从佛制，禀受归戒。曹魏高贵乡公正元元年（254年），昙谛游化洛阳。时值律学昌盛之期，昙谛在白马寺译出《昙无德羯磨律》一卷。此后，与昙柯迦罗一起在洛阳传经，促进了佛法尤其是律学的发展（《高僧传》卷一）。

（六）竺法护居洛译经　竺法护，其先祖为大月氏人。竺法护生于敦煌，8岁出家，以域外沙门竺高座为师。竺法护博闻强记，能日诵经文万余言。西晋统一后，寺庙佛像崇于京师，但大乘经教却蕴积于葱岭之外。竺法护誓志弘扬佛法，随师游历西域各国。他通晓语言36种，贯踪训诂，音义备识。晋武帝太康年间，竺法护携带大量经卷回归中土，到洛阳翻译佛经。据《开元释教录》刊定，竺法护共译出九十一部，二百零八卷。主要经典有《贤劫经》、《正法华经》、《光赞般若波罗蜜经》、《大哀经》等。晋惠帝时爆发"八王之乱"，竺法护避乱隐居，病卒渑池，时年78岁。竺法护之子聂远，承父业将所译经典编成目录——《竺法护录》；其弟子竺法护首、陈氏伦、孙伯虎、虞世雅秉承师意，执笔详校了所译经文（《高僧传·卷三》）。

龙马负图寺

（七）**法钦居洛译经**　法钦，安息人，晋武帝太康二年（281年），来到洛阳。居洛16年，翻译出《道神足无极变化经》、《阿育王传》等五部经典（《高僧传》卷一）。

（八）**佛图澄居洛建寺**　佛图澄，西域人（国籍不详）。西晋永嘉四年（310年），佛图澄以79岁的高龄来到洛阳，适逢刘聪攻破洛京，便隐居在洛阳邙山，于乱世之时在黄河南岸创建了浮图寺（今称龙马负图寺）。石勒建立后赵政权，请佛图澄到邺，佛教大兴。

龙马负图寺

## 二、魏晋儒家文化的传播

从西汉武帝接受董仲舒"罢黜百家，独尊儒术"的建议开始，儒家文化成

东汉太学遗址

为中国文化的正统文化。东汉明帝时一方面学习西方的佛教文化,另一方面坚持儒家文化的正统地位,通过四夷王子入学洛阳太学的制度,灌输儒家文化思想,促进了儒家文化的传播,洛阳太学遂成为国际性的儒家文化教育中心。西晋建立初年,武帝司马炎为促进民族融合,利用洛阳太学这个国际性的教育机构,加强儒家文化向四夷特别是向西域的传播。《晋书·武帝纪》载:"武帝泰始元年冬十二月丙寅,设坛于南郊,百僚在位及匈奴南单于四夷会者数万人。" 这与洛阳西晋辟雍遗址出土的"大晋龙兴皇帝三临辟雍碑"碑文内容相吻合:"廓开太学,广延群生,天下鳞萃,远方纂训,东越于海,西及流沙,并时即至,万有余人。"碑文题名中,来自西域的生员令人注目,如:" 散生西域朱乔尚建、散生西域王迈世光、散生西域隗景大卿、散生西域隗元君凯。" 西晋统一后,西域诸国入学洛阳太学者络绎不绝,直到"八王之乱"爆发时乃止。

80

太学遗址

### 三、魏晋时期丝路东端起点对东亚国家的辐射

（一）对朝鲜的辐射 曹魏统治时期，朝鲜半岛北部属乐浪、带方两郡管辖。据《三国志·魏志·乌丸鲜卑东夷传》载，齐王曹芳正始八年（247年），高句丽遣使来洛阳朝贡，齐王曹芳诏封高句丽国王为"更拜不耐王"。西晋代魏后，

西晋归义胡王金印

81

朝鲜半岛分为三韩：一曰马韩，二曰辰韩，三曰弁韩。据《晋书·四夷传》载，马韩在晋武帝时频繁来洛阳朝贡。"太康元年、二年，其主频遣使入贡方物，七年、八年、十年，又频至。太熙元年，诣东夷校尉何龛上献。咸宁三年复来，明年又请内附。"辰韩于武帝太康元年，"其王遣使献方物。二年复来朝贡，七年又来"。

（二）对日本的辐射　曹魏一代，中日交往四次。据《三国志·魏书·乌丸鲜卑东夷传》载，第一次是明帝景初二年（238年）："倭女王遣大夫难升米等诣郡，求诣天子朝献，太守刘夏遣吏将送诣京都。……所献男生口四人，女生口六人，班布二匹二丈。"明帝于其年十二月，下诏书赐倭女王为"亲魏倭王"，赐给金印紫绶，"锦五匹、绛地绉粟罽十张、茜绛五十匹、绀青五十匹……特赐绀地句文绵三匹、细班华罽五张、白绢五十匹、金八两、五尺刀二口、铜镜百枚、真珠和铅丹各五十斤"。第二次是齐王曹芳正始元年（240年）："太守弓遵遣建中校尉梯俊等奉诏书印绶诣倭国，拜假倭王。并赍诏赐金、帛、锦、罽刀、镜、采物，倭王因使上表答谢恩诏。"第三次是齐王曹芳正始四年（243年）："倭王复遣使大夫伊声耆、掖邪狗等八人，上献生口、倭锦、绛青缣、绵衣、帛布、丹木、狐、短弓矢。掖邪狗等壹拜率善中郎将印绶。"第四次是齐王曹芳正始六年（245年）："诏赐倭难升米黄幢，付郡假授。"

西晋代魏，倭人继续来洛阳朝贡。据《晋书·四夷传》载，泰始初，倭人遣使重译入贡。

# 第四章　北魏丝路东端起点的繁荣

## 第一节　北魏京师

从西晋永嘉五年（311年）匈奴汉军攻破洛阳到北魏太武帝太延五年（439年）拓跋涛统一北方的一百多年大分裂期间，洛阳四面受敌，备遭战争摧残。此后，经过半个多世纪的经济恢复，具有千年文化积淀的中华名都，其北方首善之区的优势已经十分明显。为接受中原地区的先进文化，实现北方各族的大融合，借助天下之中的战略位置统一四方，具有远见卓识的北魏孝文帝，暗自与任城王元澄定下迁都大计：

"'今日之行，诚知不易。但国家兴自北土，徙居平城，虽富有四海，文轨未一，此间用武之地，非可文治，移风易俗，信为甚难。崤函帝宅，河洛王里，因兹大举，光宅中原，任城意以为何如？'澄曰：'伊洛中区，均天下所据。陛下制御华夏，辑平九服，苍生闻此，应当大庆。'高祖曰：'北人恋本，忽闻将移，不能不惊扰也。'澄曰："此既非常之事，当非常人所知，唯须决之圣怀，此辈亦何能为也？"高祖曰："任城便是我之子房。"（《魏书·任城王传》）

太和十八年（494年），北魏孝文帝冲破皇室内部的重重阻力，实现了迁都洛阳的既定方针。

从北魏孝文帝迁都洛阳到东魏孝静帝天平元年（534年）迁都邺城，洛阳经历七位皇帝，为北方的政治、经济、文化中心42年。

为顺应民族融合的潮流和统一四方之志，从孝文帝营建，到宣武帝扩建，两个帝王建成了规模宏大的北魏洛阳城。《洛阳伽蓝记》载："京师东西二十里，南北十五里。"城内按里坊制度建有二百二十里，三百二十坊。《魏书·宣武帝纪》说："筑京师三百二十坊。"《洛阳伽蓝记》云："方三百步为一里……合有二百

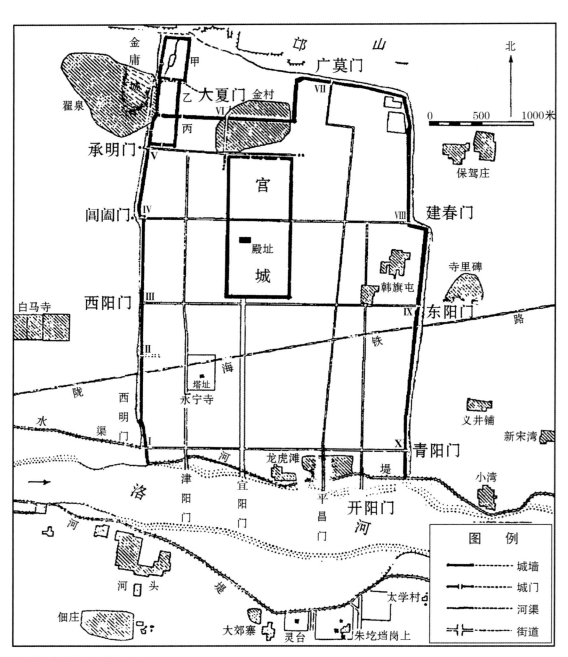

北魏洛阳大城考古发掘平面图

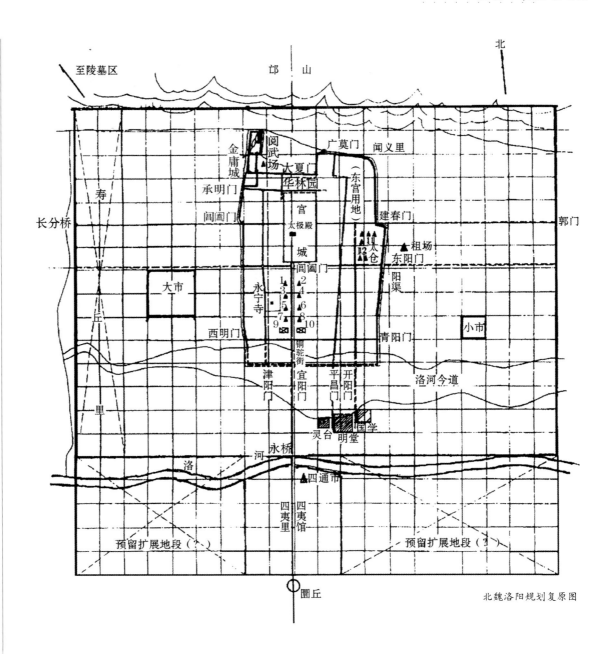

北魏洛阳规划复原图

二十里。"为发展工商业，还特设市肆作坊区。区内规划了大市、小市、四通市三个市场。

## 第二节 北魏复通以洛阳为东端起点的豫秦陇丝绸之路

北魏太武帝统一北方后，因其首都在平城，传统的草原丝绸之路成为中西陆路交通的主渠道。北魏孝文帝迁都洛阳后，洛阳成为丝绸之路的东端起点，豫秦陇丝绸之路成为中西陆路交通的主渠道。至北魏宣武帝统治时期，由于豫秦陇丝绸之路畅通已久，中西交流日益密切，北魏人对西方国家的了解远远超过前代。据《北史·西域传》载，北魏时西域分为四大区域："自葱岭以东，流沙以西为一域；葱岭以西，海曲以东为一域；者舌以南，月氏以北为一域；两海之间，水泽以南为一域。内诸小渠长，盖以百数。其出西域，本有二道，后更为四：出自玉门，度流沙，西行二千里至鄯善，为一道；自玉门度流沙，北行二千二百里至车师，为一道；从莎车西行一百里至葱岭，葱岭西一千三百里至伽倍，为一道；自莎车西南五百里，葱岭西南一千三百里至波路，为一道焉。"对于遥远的大秦，北魏人知道得更为准确和具体："大秦西海水之西有河，河西南流。河西有南北山，山西有赤水，西有白玉山，玉山西有西王母山，玉为堂室云。从安息西界循海曲，亦至大秦，回万余里。于彼国观日月星辰，无异中国，而前史云：条支西行百里，日入处，失之远矣。"对西域国家地情认识的深化，大大便利了丝路东西两端点之间的经济文化往来。

## 第三节 北魏丝路东端起点的经济交流

### 一、丝路贸易的盛况

北魏孝文帝迁都洛阳后的太和二十一年（497年）十二月，高昌国遣使朝贡（《魏书·高祖纪》），拉开了西域诸国向丝路东端起点朝贡贸易的序幕。从此，北魏政权以蒸蒸日上的国力维护了中西交

玉门关遗址

通的运行。从宣武帝景明元年开始，到"河阴之变"前的孝明帝孝昌三年（527年），丝路贸易呈现繁荣景象："自葱岭以西，至于大秦，百国千城，莫不欢服，商胡贩客，日奔塞下的盛况。"（《洛阳伽蓝记》）据《魏书》有关记载，宣武帝、孝明帝两帝统治时期，遣使到洛阳朝贡的西域之国达八十二个，其中，最西的是大秦，最南的是南天竺，朝贡次数最多的是嚈哒——十二次。

洛阳北魏墓葬出土的胡俑

（一）宣武帝时期丝路东端起点的朝贡贸易　宣武帝时期，是丝路东端起点朝贡贸易的上升时期。据《魏书·世宗纪》载，景明以后，规模较大的朝贡贸易连续不断。

景明四年(503年)四月，"南天竺国献辟支佛牙"。

正始二年(505年)正月，"以宕昌国世子梁弥博为其国王。邓至国遣使朝贡"。四年春二月，"吐谷浑、宕昌国并遣使朝献"。三月，"叠伏罗国遣使朝贡"。四月，"吐谷浑、鸠磨罗、阿拔磨拔切磨勒、悉万斤诸国并遣使朝献"。六月，"社兰达那罗、舍弥、比罗直诸国并遣使朝献"。八月，"库莫奚、宕昌、吐谷浑诸国并遣使朝献"。九月，"开斜谷旧道，疏勒、车勒阿驹、南天竺、婆罗等诸国遣使朝献"。十月，"高丽、半社、悉万斤、可流伽、比沙、疏勒、于阗等诸国，并遣使朝献……疏勒国遣使朝贡……唉哒、波斯、渴盤陀、渴文提不那杖忸杖提等诸国并遣使朝献"。十一月，"阿与陀、呵罗槃、陀跋吐罗诸国并遣使朝献"。十二月，"特那杖提莎钵离阿失勒摩致钵诸国遣使朝贡。……钵仑、波利伏佛胄善、乾达诸国遣使朝贡"。

永平元年(508年)二月，"勿吉、南天竺并遣使朝献"。三月，"斯罗、阿陀、比罗、阿夷义多、婆那伽、伽师达、于阗诸国并遣使朝献"。四月，"阿伏至罗国遣使朝献"。七月，"高车、契丹、汗畔、罽宾诸国并遣使朝献"。"是岁，高昌国王麴嘉遣其兄子私署左卫将军孝亮奉表来朝，因求内徙，乞师迎接。"

洛阳汉魏故城北魏大市遗址出土的胡风黑釉陶盏

　　永平二年(509年)正月，"胡密、步就磨、忸密、槃是、悉万斤、辛豆那、越拔忸诸国并遣使朝献。壬辰、哒、薄知国遣使来朝，贡白象一。乙未，高昌国遣使朝贡"。三月，"磨豆罗、阿曜社苏突閣、地伏罗诸国并遣使朝献"。六月，"高昌国遣使朝献"。八月，"邓至国遣史朝献"；"高昌、勿吉、库莫奚诸国并遣使朝献"。十二月，"叠伏罗、弗菩提、朝陁咤、波罗诸国并遣使朝献"。

　　永平三年(510年)二月，"高昌、邓至国并遣使朝献"。三月，"高丽、吐谷浑、宕昌诸国并遣使朝献"。闰六月，"吐谷浑、高丽、契丹诸国各遣使朝贡"。七月，"吐谷浑国遣使朝贡"。八月，"勿吉国遣史朝贡"。九月，"乌苌、伽秀沙尼诸国并遣使朝献"。十月，"高车、龟兹、难地、那竭、库莫奚等诸国并遣使朝献"。十二月，"高丽、比沙杖国遣使朝献"。

河仓城遗址

永平四年(511年)正月，"阿悦陁、不数罗国并遣使朝献"。三月，"婆比幡弥、乌苌、比地、乾达诸国并遣使朝献"。六月，"乾达、阿婆罗、达舍、越伽使密、不流沙诸国并遣使朝献"。七月，"吐谷浑、契丹国并遣使朝献"。八月，"阿婆罗、达舍、越伽使密、不流沙等诸国并遣使朝献"。九月，"哒哒、朱居槃、波罗、莫伽陁、移婆仆罗、俱萨罗、舍弥、罗乐陁等诸国并遣使朝献"。十月，"婆比幡弥、乌苌、比地、乾达等诸国并遣使朝献"。十一月，"宕昌国遣使朝献……难地、伏罗国并遣(使)朝献"。十二月，"大罗汗、婆来伽国遣使朝献"。

延昌元年(512年)正月，"疏勒国遣使朝献"。三月，"渴槃陁国遣使朝献"。五月，"疏勒及高丽国并遣使朝献"。七月，"吐谷浑、契丹国并遣(使)朝献"。八月，"吐谷浑国遣使朝贡"。十月，"哒哒、于阗、高昌及库莫奚诸国并遣使朝献"。

延昌二年(513)三月，"高昌国遣使朝献"。八月，"哒哒、于阗、槃陁及契丹、库莫奚诸国并遣使朝献"。九月，"勿吉、吐谷浑、邓至国并遣使朝贡"。十二月，"高丽国遣使朝献"。

延昌三年(514)九月，"吐谷浑、契丹、勿吉诸国并遣使朝贡"。十月，"库

于阗文木函

莫奚国遣使朝献"。十一月，"南天竺、佐越弗实诸国并遣使朝献"。

延昌四年(515)正月，"勿吉、达檠、地豆和、尼步伽、拔旦、佐越费实等诸国遣使朝献"。二月，"宕昌国遣使朝献"。七月，"蠕蠕国遣使朝献"。八月，"吐谷浑国遣使朝献"。七月，"吐鼓浑、契丹国并遣使朝献"。八月，"阿婆罗、达舍、越伽使密、不流沙等诸国并遣使朝献"。九月，"高昌、库莫奚、契丹诸国并遣使朝献"。十月，"高丽、吐谷浑国并遣使朝献"。

（二）**孝明帝时期丝路东端起点的朝贡贸易**　从熙平元年开始的孝明帝时期，丝路东端起点朝贡贸易进入平稳发展期。据《魏书·肃宗纪》载，规模较大的朝贡贸易在不间断地进行。

熙平元年(516年)二月，"吐谷浑、宕昌、邓至诸国并遣（使）朝贡"。四月，

高昌古城

熙平二年(517年)正月，"地伏罗、罽宾国并遣使朝献"。二月，"契丹、邓至、宕昌诸国并遣使朝献"。三月，"吐谷浑国遣使朝献"。四月，"高丽、波斯、疏勒、嚈哒诸国并遣使朝献"。七月，"地伏罗、罽宾国并遣使朝献"。八月，"吐谷浑国遣使朝献"。九月，"吐谷浑国遣使朝献"。

神龟元年(518年)二月，"嚈哒、高丽、勿吉、吐谷浑、宕昌、疏勒、久末陀、末久半诸国，并遣使朝献"。三月，"吐谷浑国遣使朝贡"。四月，"舍摩国遣使朝献"。五月，"高丽、高车、高昌诸国并遣使朝贡"。闰七月，"戊戌，吐谷浑国遣使朝贡……丁未，波斯、疏勒、乌苌、龟兹诸国并遣使朝献"。

神龟二年(519年)二月，"吐谷浑、宕昌国并遣使朝贡"。四月，"嚈哒国遣使朝献"。

正光二年(521年)五月，"乌苌国遣使朝贡"。闰五月，"居密、波斯国并遣使朝贡"。六月，"高昌国遣使朝贡"；"勿吉国遣使朝贡"。八月，"伏罗国遣使朝贡"。十一月，"高昌国遣使朝贡"。

正光三年(522年)七月，"波斯、不汉、龟兹诸国遣使朝贡"。十月，"吐谷浑国遣使朝贡"。

波斯波利斯古迹遗址

94

正光四年(523年)二月,"宕昌国遣使朝贡"。

正光五年(524年)闰二月,"哒国遣使朝贡"。十二月,"哒、契丹、地豆于、库莫奚诸国并遣使朝贡"。

孝昌二年(526年)二月,"叠伏罗国遣使朝贡"。

孝昌三年(527年)四月,"柔然头兵可汗遣使朝贡"。六月,"蠕蠕国遣使朝贡"。

## 二、国际性的民族商贸大都会

规模宏大的北魏洛阳城,功能完备的市场体系,设施齐全的四夷公寓,为丝路东端起点上升为国际性的民族商贸大都会创造了必要条件。《洛阳伽蓝记》云,洛京有民户十万九千余。按每户五口人计算,在籍人口不下五十多万;加上奴婢、军人、太学生、僧尼、商人等不在籍的人口,北魏洛阳实际人口数目在六十万以上。具有这样人口规模的城市,在当时世界上除了罗马城,难有匹敌者。《洛阳伽蓝记》又云,来洛的商贩胡客,"附化之民,万有余家"。商贩胡客占有洛京人口十分之一比重,这是北魏洛阳市场繁荣的重要因素。

洛阳邙山出土的
北魏鄯月光墓志

洛阳市场中的大市，据《洛阳伽蓝记》记载，内有十个里，按专业化分工经营，"凡此十里，多诸工商货殖之民，千金比屋，层楼对出，重门启扇，阁道交通，迭相临望"。其中的通商里和达货里，居民尽是能工巧匠、富商大贾，"里内之人，尽皆工匠，屠贩为生，资财巨万。有刘宝者，最为富室：州郡都会之处，皆立一宅，各养马一匹。至于盐粟贵贱，市价高下，所在一例。舟车所通，足迹所履，莫不商贩焉。是以海内之货，咸萃其庭，产匹铜山，家藏金穴。宅宇逾制，楼观出云，车马服饰，拟于王者"。其中的调音里和乐律里，居民尽是从事吹、拉、弹、唱、舞的艺人，"丝竹讴歌，天下妙技出焉"。其中的退酤里和治觞里，居民"多酿酒为业"。其中的慈孝里和奉终里，居民"以卖棺椁为业，凭辒车为事"。其中的准财里、金肆里，居民以放高利贷为业，所以"富人在焉"。十里之外，另有一里，因专门制造瓦器，独置于洛阳城东北，其地原是西周"殷顽民"在监管下从事手工业生产之地，名曰"上商里"，因其名不雅，从平城迁到这里的贵族纷纷离去，孝文帝改名为"闻义里"，"唯有造瓦者止其内，京师瓦器出焉"。

洛阳市场中的小市，据《洛阳伽蓝记》记载，位置在城东，靠近洛河，其中的孝义里，专营水产品，"三千余家，自立巷市，所卖口味，多是水族。时人谓为'鱼鳖市'"。其中的殖货里，"里有太常民刘湖，兄弟四人，以屠为业"。

洛阳市场中的四通市，属于国际贸易市场。紧邻四夷里和四夷馆，靠近洛河、伊河，水运便利，通达四方。《洛阳伽蓝记》云："别立市于洛水南，号曰'四通市'，民间谓水桥市。洛之鱼，多于此卖，士庶须脍，皆诣取之。鱼味皆美，京师语曰'洛鲤伊鲂，贵于牛羊'。"

## 三、丝路贸易与北魏财源

丝路贸易的繁荣刺激了北魏经济的全面发展，成为北魏财政收入的重要来源。

孝文帝迁都洛阳后，由于丝路贸易中中国的丝帛贵比西方的黄金，于太和十九年（495年）下诏"内外百官禄皆准绢给钱"（《魏书·食货志》），即允许以丝织品代付百官俸禄。宣武帝时，随着丝路贸易市场的繁荣，国家富裕起来。"逮景明之初，承升平之业，四疆清晏，远迩来同，于是蕃贡继路，商贾交入，诸所献贸，倍多于常。"（《魏书·邢峦传》）百官岁帛成倍增加，高阳王元雍岁禄达到一万匹帛。奚康生南征立功被赐帛四千五百匹（《魏书·奚康生传》）。至孝明帝时，"魏德既广，西域东夷，贡其货物，充于王府，又于南垂立互市，以至南货，羽毛齿革之属，无远不至。神龟、正光之际，府藏盈溢"（《魏书·食货志》）。在府藏盈溢的条件下，北魏统治者用丝帛大量赏赐臣僚，胡太后打开府库，赏赐百官，任凭尽力拿取，以至于留下了高阳王元雍贪财伤踝的丑剧（《洛阳伽蓝记》）。

与经济日益繁荣同步，北魏统治者日趋腐朽。胡太后当政时期，丝帛成为卖官鬻爵的货币等价物，如元晖，"迁吏部尚书，纳货用官，皆有定价，大郡二千匹，次郡一千匹，下郡五百匹，其余官职各有差。天下号曰'市曹'"（《魏书·昭成子孙传》）。北魏官僚无不利用掌握的丝帛从事商业活动，攫取巨额利润，如尚书令李崇，"贩肆聚敛，家资巨万，营求不息"（《魏书·李崇传》）。河间王元琛出任秦州刺史期间，遣使波斯，所求千里马一匹，七百里马十余匹；攫取西域名产水晶、珍珠、玛瑙之类，陈列满室。元琛以天下首富自誉，声称："不恨石崇不见我，只恨我不见石崇！"

# 第四节 北魏丝路东端起点的文化交流

## 一、佛教文化交流

（一）开凿龙门石窟 据龙门石窟古阳洞现存的造像题记可知，北魏孝文帝在迁都洛阳的当年，与营建洛阳城同时，即于洛阳城西南15公里处的伊阙峡谷西岸悬崖峭壁上开凿石窟，营造佛像。此后，经过宣武帝、孝明帝两代大规模开凿，至北魏分裂为东魏、西魏（534年）时，凿成了西山北段的古阳洞、宾阳中洞和西山中段的慈香窟、魏字洞，西山南段的药方洞、路洞等洞窟，留下了宾阳北洞、南洞等在建的洞窟，为以后封建王朝的继续开凿奠定了基础。

古阳洞　古阳洞开凿于北魏孝文帝太和十七年（493年），是龙门石窟中开凿最早、保存造像题记最多的一个洞窟。该洞进深约11.55米，高约11.1米，宽6.9米。中间圆雕的本尊，为释迦牟尼像，本尊两侧为菩萨像。古阳洞两壁刻有三列佛像，龛内有释迦像、弥勒像、释迦和多宝并坐像；两壁大龛之间以及窟顶之

古阳洞

上，雕有许多小龛和"千佛"。古阳洞的大小造像，清瘦秀美，体现了北魏后期流行的瘦削型造像风格。

宾阳三洞　继古阳洞开凿之后，北魏皇室在伊阙峡谷西岸悬崖峭壁上进行了更大规模的营造活动。《魏书·释老志》载："景明初，世宗诏大长秋卿白整准代京灵岩寺石窟，于洛南伊阙山，为高祖、文昭皇太后营石窟二所。初建之始，

窟顶去地三百一十尺。至正始二年中，始出斩山二十三丈。至大长秋卿王质，谓斩山太高，费功难就，奏求下移就平，去地一百尺，南北一百四十尺。永平中，中尹刘腾奏为世宗复造石窟一，凡为三所。从景明元年至正光四年六月已前，用功八十万二千三百六十六。"根据这一记载，三个洞窟的结构以及石窟内的供养人像，在20世纪90年代被学者公认为宾阳三洞。截至北魏末年，宾阳三洞仅有中洞完成，北洞和南洞的主要造像处于半成状态（直到隋唐时期才完成）。已完成的宾阳中洞，规模宏大，艺术精湛，堪称北魏石窟艺术的代表。

宾阳三洞

其他洞窟　北魏孝文帝、宣武帝时期凿成的大、中型窟龛，除古阳洞、宾阳三洞外，还有交脚弥勒像、火烧洞、莲花洞等。孝明帝时，胡太后当政，用丁八十三万开凿石窟，凿成的中、小型窟龛有慈香窟、魏字洞、普泰洞、弥勒洞、皇甫公窟、龙骧将军洞、来思九洞、弥勒北一洞与二洞、地花洞、六狮洞等；未完成的有药方洞、唐字洞。孝明帝以后造像活动呈下降趋势，已完成的洞窟有路洞、大统洞，未完成的有赵客师洞、汴州洞。

慈香窑造像碑及上方雕刻

北魏造像特征　　北魏造像作为北方各族大融合时期的历史文化遗产，具有明显的时代特征：身躯比较高大，面相修长，目深鼻高，脖颈细长，两肩削窄秀骨清姿，宽袍大袖，表情温和，潇洒飘逸。

（二）广建佛寺 北魏皇室自迁都洛阳后就开始营建佛寺，到胡太后当政时期，营建佛寺的活动进入高潮，洛阳城内寺院达到1317所。其中，著名的寺院有景明寺、宝光寺、景乐寺、景林寺、永宁寺等。

永宁寺 永宁寺在北魏迁都洛阳前已经存在。据《魏书·释老志》记载："承明元年八月，高祖于永宁寺，设太法供，度良家男女为僧尼者百有余人，帝为剃发，施以僧服，令修道戒，资福于显祖……太和元年二月，幸永宁寺设斋，赦死罪囚。三月，又幸永宁寺设会，行道听讲，命中、秘二省与僧徒讨论佛义，施僧衣服、宝器有差。"北魏迁都洛阳后，孝文帝常幸永宁寺。孝明帝时，太后听政，

第四章 北魏丝路东端起点的繁荣

修复后的永宁寺塔基遗址全景

修复后的永宁寺塔基遗址

大兴佛事，扩建永宁寺："于城内太社西，起永宁寺。灵太后亲率百僚，表基立刹。佛图九层，高四十余丈，其诸费用，不可胜计。景明寺佛图，亦其亚也。至于官私寺塔，其数甚众。"其中的佛图，由建筑师郭安兴设计建造："豫州人柳俭、殿中将军关文备、郭安兴并机巧。洛中制永宁寺九层佛图，安兴为匠也。"

永宁寺位于宫城阊阖门南御道西。考古发掘后，测量出寺院周长1040米，占地面积6.6公顷。《洛阳伽蓝记》曰，寺内有"僧房楼观一千余间"，有九层塔一座，"架木为之，举高九十丈。有刹复高十丈，合去地一千尺。去京师百里已见之"。经考古发掘得知，塔基残高约8米。塔基平面呈方形。东西、南北各长50米，高约3.6米；顶层台基系用土坯垒砌，呈正方形，面积约有10见方，残高2.2米。

永宁寺塔的内部结构，《洛阳伽蓝记》云："刹上有金宝瓶，容二十五石。宝瓶下有承露金盘三十重，周匝皆垂金铎，复有铁锁四道，引刹向浮图。四角锁上亦有金铎，铎大小如一石瓮子。浮图有九级，角角皆悬金铎，合上下有一百二十铎。浮图有四面，面有三户六牖，户皆朱漆。扉上有五行金钉，其十二门二十四扇，合有五千四百枚。复有金镮铺首，殚土木之功，穷造型之巧。"

根据历史文献记载和考古发掘资料可知，永宁寺塔是迄今已知国内塔基面积最大、立地最高、结构最复杂的木塔。作为中国古代建筑史的一大奇观，永宁寺塔仅存在了十八年（534年），焚于一场无名大火之中。

景明寺　景明寺建于北魏宣武帝时期。据《洛阳伽蓝记》载，该寺位于洛阳城宣阳门外一里御道东，北依京城，南对嵩岳；寺院东西、南北各五百步。寺内"青林垂影，绿水为文，形胜之地，爽垲独美。山悬堂观，广厦一千余间。复殿重房，交疏对霤……虽外有四时，而内无寒暑"。另据《魏书·释老志》记载，寺内有佛塔，规模仅次于永宁寺塔。

宝光寺　宝光寺在北魏洛阳城西阳门外御道北，东距白马寺二里。寺内有三层浮图一座，以石为基，形制甚古，上有精美雕刻。由《洛阳伽蓝记》可知，原水木交映，风景绝佳，是节假日士大夫游览的胜地。

永宁寺塔复视图

景乐寺　景乐寺是一所尼姑寺院，位于北魏洛阳城内、宫城阊阖门南御道东。西对永宁寺。寺内"堂庑周环，曲房连接，轻条拂户，花蕊被庭……以是尼寺，丈夫不得入。得往观者，以为至天堂"（《洛阳伽蓝记》）。该寺本为文献王元怿所建，元怿死而传其弟元悦。后因尼姑数量大减，元悦放宽寺禁，逐渐开放为游乐观赏之所。

景林寺　景林寺位于北魏洛阳城南御道东。据《洛阳伽蓝记》载，孝明帝熙平年间，南天竺佛教禅宗初祖达摩从海路来到洛阳，住持景林寺。达摩主张以坐禅于幽静的山岩洞穴，以清白无邪的心念追求佛理，所以景林寺别具一格："寺西有园，多饶奇果。春鸟秋蝉，鸣声相续。中有禅房一所，内置祇洹精舍，形制虽小，巧构难比。加以禅阁虚静，隐室凝邃……静行之僧，绳坐其内，飡风服道，结跏数息。"

（三）重建白马寺　中国佛教的祖庭白马寺毁于晋末永嘉之乱。北魏迁都洛阳的当年，孝文帝即下诏重建白马寺。经过重建，白马寺香火复燃："寺上经函至今犹存，常烧香供养之，经函时放光明，耀于堂宇，是以道俗礼敬之，如仰真容。"（《洛阳伽蓝记》）经过重建，白马寺犹如园林："浮屠前，奈林、蒲萄，异

白马寺毗卢阁

于余处，枝叶繁衍，子实甚大。奈林实重七斤，蒲萄实伟于枣。味并殊美，冠于中原。帝至熟时，常诣取之……京师语曰：'白马甜榴，一实值牛。'"（《洛阳伽蓝记》）经过重建，白马寺增添了许多北魏造像题记，至清代，尚存一座北魏时期的内含五十余尊佛像的"白马寺造像幢"；至中华人民共和国成立前，在寺内还出土一尊北魏时期的玉石弥勒像，现存美国波士顿博物院。

（四）宋云西天取经 宋云西天取经是东汉永平求法之后中西文化交流史上的又一重大历史事件。魏人杨衒之在《洛阳伽蓝记》中详细记述了这一事件的始末。北魏神龟元年（518年）十一月，掌握北魏政权的胡太后遣伏子统宋云、崇立寺比丘惠生、沙门法力等人为使，赴西域访求佛经。宋云一行带着胡太后敕付的"五色百尺旗千口，锦香袋五百枚，王公卿士旗二千口"，以及通行西域哌哒（今中亚地区）、乌苌（今印度境）、乾陀（今巴基斯坦境）诸国的官方公文，

阳关遗址

从洛阳出发，走豫秦陇道而向西域。行至河西走廊，适逢秦、凉二州人民起义，宋云一行借道臣服北魏的土谷浑境。“从土谷浑西行三千五百里，至鄯善城……从鄯善西行一千六百四十里，至左末城……从左末城西行一千二百七十五里至末城。”在末城，宋云一行看见了像洛阳一样的花果，顿生思乡之情：“城傍花果似洛阳，惟土屋平头为异也。”从末城西行二十二里至捍麽城，遇到一所大寺院，寺内“悬彩幡盖亦有万计，魏国之幡过半矣。幡上隶书云：‘太和十九年、景明二年、延昌二年’”。这些旗帜，是宋云西行前先驱的标志，说明此前北魏大规模遣使西行事件已有三次。“从捍麽城西行八百七十八里，至于阗国……神龟二年（519年）七月二十九日入朱驹波国……八月初入汉盘陀国界，西行六日，登葱岭山。复西行三日，至钵盂(孟)城，三日至不可依山，其处甚寒，冬夏积雪。”宋云一行至此，已经到了狭义西域的地界。“九月中旬入钵和国……十月之初至哌哒国……十一月初入波斯国。十一月中旬入赊弥国……十二月初入乌苌国。”在乌苌国宋云一行向陀罗寺施舍奴婢二人；在“如来苦行投身饿虎之处”的山顶上造浮图一座，刻石铭记北魏功德。“正光元年（520年）四月中旬入乾陀罗国……西行五日，至如来舍头施人处……复西行三日，至辛头大河（印度河）……复西行十三日，至佛沙伏城……复西行一日，至如来挑眼施人处……复西行一日，乘船渡一深水，三百余步。复西行六十里，至乾陀罗城……宋云以奴婢二人奉雀离浮图，永充洒扫。惠生遂减割行资，妙拣良匠，以铜摹写雀离浮图仪一躯及释迦四塔变。”从乾陀罗城出发，“西北行七日，渡一大水，至如来为尸昆王救鸽之处”。以“如来为尸昆王救鸽之处”为西行终点，宋云一行返回乾陀罗城，从乾陀罗城返回乌苌国。在乌苌国宋云一行长居二年时间，从事了一系列佛事活动，备足了所需经卷，记下了所见所闻。正光三年（522年）二月，宋云一行回到阔别三年零四个月的洛阳城，带回大乘佛教宝典一百七十部，圆满完成了西行使命。

还洛之后，西行之人各自整理西行见闻。宋云撰出《魏国以西十一国事》，惠生撰出《行记》。杨衒之以二书为素材，在《洛阳伽蓝记》中详载了宋云西行的全过程。所有这些，为后人研究古代中国与中亚、南亚、西亚地区的历史留下了珍贵的资料。

（五）昙摩罗来洛建寺　昙摩罗，乌苌国人。据《洛阳伽蓝记》载："摩罗聪慧利根，学穷释氏。至中国，即晓魏言隶书，凡闻见，无不通晓。"昙摩罗在洛阳建立了法云寺、祇洹寺，寺内"佛殿僧房，皆为胡饰……京师沙门好胡法者，皆就摩罗受持之。戒行真苦，难可揄扬……舍利骨及佛牙、经像，皆在此寺"。

（六）佛陀扇多居洛译经　佛陀扇多，北印度人，于北魏宣武帝时来到洛阳。永平元年（508年），在宫城内殿参与《十地经论》的翻译。从孝昌元年（525年）开始，在洛阳白马寺等处译经，译出《金刚上味陀罗尼经》、《摄大乘论》等十部经典十一卷（《续高僧传》卷一）。

（七）菩提流支居洛译经　菩提流支，天竺人，于北魏永平元年（508年）来到洛阳，至北魏孝武帝永熙三年（534年），一直在洛阳译经。26年中，共译出《金刚经》、《深密解脱经》、《楞伽法集》、《胜思惟大梵天所问经论》、《法华经论》、《无量寿经论》、《破外道小乘涅槃论》等偏重于介绍大乘瑜伽学说的佛教经典（《高僧传》卷一）。

## 二、西域文化对北魏人的影响

（一）佛教对北魏洛阳的影响　当时上下参与佛事活动、崇佛之风影响了整个北魏统治上层。如宣武帝建京明寺，胡太后建永宁寺、城阳王元徽建宣忠寺、彭城王元勰建明玄尼寺、北海王元详建追圣寺、广平王元怀建平等寺和大觉寺，后妃、王公、文臣武将纷纷出资在龙门凿窟造像，祈福免灾。在北魏统治集团的影响下，一方面百姓出家为僧尼的人数大增，洛阳各大寺院的僧尼均在一千人以上；另一方面，民间兴起佛教组织，众多平民参与佛事活动，在龙门石窟造像题记中铭刻着不胜枚举的平凡姓名。

寺院成为节庆胜地　在上下崇佛的氛围里，寺院自然成为节庆集会的胜地，如《洛阳伽蓝记》所述，在菩提达摩的法云寺，"咒枯树能生枝叶，咒人变为驴马，见之莫不忻怖"。在汝南王元悦的寺里，"奇禽怪兽，舞卞殿庭；飞空幻感世所未睹；异端奇术，总萃其中；剥驴投井，植枣种瓜，须臾之间皆得食。士女观者，目乱睛迷"。在长秋寺，"辟邪师子，导引其前；吞刀吐火，腾骧一面；彩幢

北海王元详造弥勒像

上索，诡谲不常；奇伎异服，冠于都市"。在宣武帝建的景明寺，"四月七日，京师诸像皆来此寺，尚书祠曹录像凡有一千余躯"。农历四月八日为释迦牟尼诞辰。这一天，全城呈现节日景象：各寺佛像在景明寺集合，然后列队进入宣阳门，到阊阖宫前接受皇帝检阅，"梵乐法音，聒动天地；百戏腾骧，所在骈比；名僧德众，负锡为群；信徒法侣，持花成薮；车骑填咽，繁衍相倾。时有西域胡沙门见此，唱言佛国"。

（二）胡汉乐舞相融合　西晋灭亡后，汉文化的中心洛阳经受了历史上为期最久的大动乱。乱世之中，作为中华文明礼仪重要标志的音乐舞蹈遭受了惨重的破坏，以至于在北魏孝文帝迁都洛阳后，"卒无洞晓声律音，乐部不能立，其

北海王元详造像碑

是弥缺。然方乐之制及四夷歌舞，稍增立太乐"（《魏书·乐志》）。此后，加强了礼乐建设。乐官搜寻传统乐制，矫正四夷杂音；以传统的管、弦、击三类乐器，配以西域的胡笳、胡琴、羯鼓、箜篌、曲项琵琶，几经调试，终于达到了胡汉音乐的协调。在胡汉音乐协调的前提下，胡汉歌舞相融合，形式多种多样，内容丰富多彩。据《洛阳伽蓝记》所载，胡汉歌舞为各族人、各阶层人所喜闻乐见，成为精神文化生活中的重要组成部分。在景乐寺，寺内设有女乐，每逢大斋之日，"歌声绕梁，舞袖徐转，丝管寥亮，谐妙入神"。在高阳王元雍的府内，"美人徐丽华善弹箜篌，能为《明妃出塞》之曲，闻者莫不动容"。在将士征战之时，乐舞助战，更具神力。如"田僧超，善吹笳，能为《壮士歌》、《项羽吟》，征西将军崔延伯甚爱之。……延伯耀武于前，僧超吹《壮士》笛曲于后，闻之者懦夫成勇，剑客思奋。……延伯每临阵，常令僧超为《壮士》声，甲胄之士莫不勇跃"。又如河间王元琛，"有婢朝云，善吹篪，能为《团扇歌》、《陇上声》。琛为秦州刺史，诸羌外叛，屡讨之不降，琛令朝云假为贫妪，吹篪而乞，诸羌闻之，悉皆流涕……即相率归降。秦民语曰：'快马健儿，不如老妪吹篪。'"

## 三、汉文化对西域的影响

（一）宋云西行与汉文化西传　宋云西行过程中，不断向沿途国家宣传汉文化。如在乌苌国，国王问宋云："彼国出圣人否？""宋云具说周、孔、庄、老之德，次序蓬莱山上银阙金堂，神仙圣人并在其上；说管辂善卜，华佗治病，左慈方术，如此之事，分别说之。"（《洛阳伽蓝记》）宋云还洛后的正光年间，高昌国王"遣使奉表，自以边疆，不习典诰，求借五经、诸史，并请国子助教刘燮以为博士"。孝明帝批准了高昌国王的请求，特遣刘燮到高昌教授以儒家文化为核心的汉文化。

（二）胡人汉化　北魏孝文帝迁都洛阳后的一系列汉化政策，不仅汉化了域内五胡，而且汉化了长期居住在洛阳的外籍人。

胡僧汉化　北魏皇室在洛阳广建寺院，以1367所的容量，纳入了数以千计的西方僧人。这众多的僧人为翻译佛经，首先要通晓汉语，在长期居洛的岁月里，逐渐接受了中国的生产、生活习惯，学会了中国的文明礼仪。如宣武帝所建的永明寺，"百国沙门三千余人，西域远者，乃至大秦国，尽天地之西垂，耕耘绩纺，百姓野居，邑屋相望，衣马车服，拟仪中国"（《洛阳伽蓝记》）。

胡商汉化　为适应民族融合的趋势，为来洛的胡人创造良好的生活环境，北魏王朝在洛阳城市建设中特意规划了四夷馆和四夷里。如《洛阳伽蓝记》所载，四夷馆、四夷里在洛阳城南宣阳门外。西夷来附者住崦嵫馆，定居后赐宅慕义里；东夷来附者住扶桑馆，定居后赐宅慕化里。北夷来附者住燕然馆，三年后赐宅归德里；南人（南朝人）来降者住金陵馆，定居后赐宅归正里。北魏朝廷广

洛阳出土的突厥伽墓志

纳百川的对外开放政策，迎来了四夷辐辏的盛世景象。在四夷中，从丝路东来的胡商最为活跃："自葱岭以西，至于大秦……乐中国之土风，因而宅者，不可胜

数，是以附化之民，万有余家；门巷修整，阛阓填列，青槐荫陌，绿树垂庭，天下难得之货，咸悉在焉。"

胡王子汉化　据洛阳邙山出土的鄯乾墓志记载，鄯善国王鄯宠之孙乾，举家定居河南洛阳洛滨里。鄯乾历任北魏辅国将军、城门校尉、征虏将军、安定内史，永平五年（512年）岁次壬辰正月四日薨，葬于洛阳邙山。另从洛阳邙山出土的鄯月光墓志分析，鄯月光是鄯善王之女，西域车师前部国王子之妻。鄯月光正始二

洛阳邙山出土的北魏鄯乾墓志

年（505年）卒于洛阳，葬于邙山。由鄯月光事迹可知，鄯月光应是随车师前部国王子移居洛阳而终。车师前部国王子与鄯乾一样，居洛为官，其葬地也应在邙山。

胡将汉化　据洛阳邙山出土的突厥彻墓志记载，彻是突厥人与波斯人血缘融合的后代，归顺隋朝，英勇善战，官至右屯卫通议大夫，炀帝大业十二年（616年）卒于洛阳城北郊，葬于北邙。

# 第五章　隋唐时期丝路东端起点的繁荣与昌盛

## 第一节　隋唐帝都

隋唐时期,洛阳都城建置起伏跌宕,复杂多样。首都、并行之都、陪都、农民革命政权之都、临时王朝更迭之都、叛乱政权之都先后出现。其中,隋炀帝、唐高宗、唐玄宗相继仿行西周东西二京并行制,洛阳作为首都性质的"东都"历时半个多世纪,作为陪都性质的"东京"长达一个多世纪,作为唯一政治中心性质的首都约二十年之久。

### 一、隋炀帝东都

**(一)炀帝下诏营东京**　隋文帝开皇十四年(594年),关中发生大饥荒。由于洛阳以西的水陆交通分别受峡谷、大山所限,囤积在洛阳的粮食难济长安。为克服危机, 隋文帝率朝廷百官、关中百姓跋涉千里,就食洛阳。导致这次危机的根源是物流中心与政治中心的东西分离。隋文帝仁寿四年(604年)七月,杨广(隋炀帝)在长安即位。十一月,隋炀帝巡视洛阳,下诏营建东京:"洛邑自古之都，王畿之内，天地之所合，阴阳之所和，控以三河，固以四塞，水陆通，贡赋等。故汉祖曰：'吾行天下多矣，唯见洛阳。'自古皇王，何尝不留意，所不都者，盖有由焉。或以九州未一，或以困其府库，作洛之制，所以未暇也。我有隋之始，便欲创兹怀、洛，日复一日，越暨于今……今者，汉王谅悖逆，毒被山东，遂使州县或沦非所，此由关河悬远，兵不赴急，加以并州移户，复在河南。周迁殷人，意在于此。况复南服遐远，东夏殷大，因机顺动，今也其时……

隋炀帝墓

今可于伊、洛，营建东京。"（《隋书·炀帝纪》）

隋炀帝在诏书中强调了营都洛阳的根据，一是河山险固，二是水陆转输便利，三是四方之中，四是自古为都，所以，要仿行西周营建雒邑故事，实施东西二京并行制。

大业元年（605年）三月，隋炀帝改称洛阳为东都，令尚书令杨素、纳言杨达、将作大匠宇文恺营建东都，造显仁宫；派尚书右丞相皇甫议开通济渠洛阳段，从西苑引涧水入洛河、黄河。七月，显仁宫建成，通济渠洛阳段开通。八月，隋炀帝从显仁宫乘舟顺通济渠洛阳段入黄河，南下扬州。次年一月，东都建

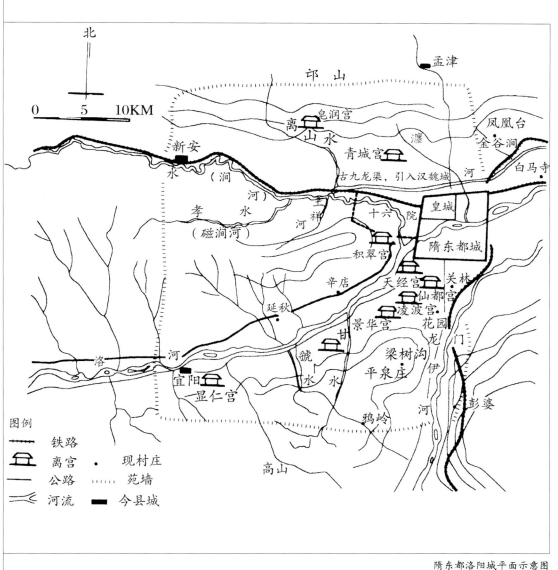

隋东都洛阳城平面示意图

成，隋炀帝北还，千乘万骑入龙门，浩浩荡荡入东都。

大业三年（607年），"有司奏，请准前议，于东京建立宗庙"。炀帝"乃于东都固丰里北起天尼宫，以游高祖衣冠，四时致祭"（《隋书·礼仪志》）。宗庙是首都的标志，所以《隋书·宇文恺传》云"炀帝即位，迁都洛阳"。炀帝统治时期，多在洛阳，实行的是以洛阳为中心的一国两都制。

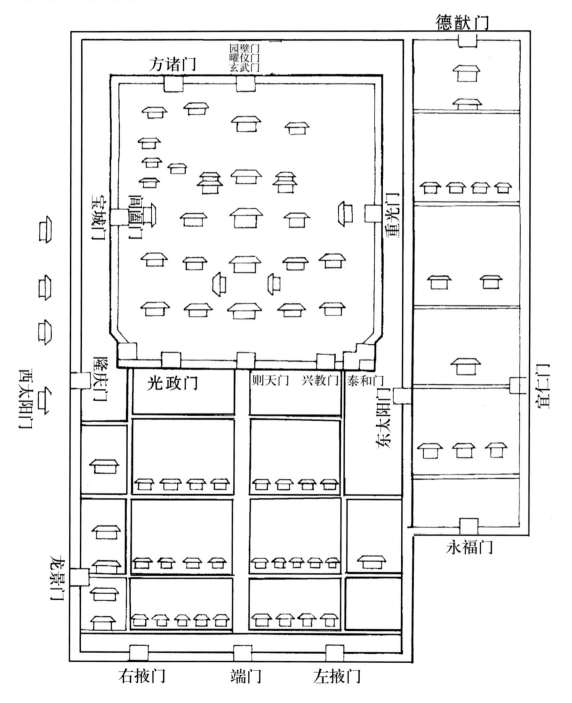

《永乐大典》中隋都洛阳皇城、宫城图

（二）东都形制　隋炀帝营建的洛阳城，在东去汉魏洛阳城十八里周王城旧址。这里北依邙山，南对伊阙，伊、洛、瀍涧纵横环绕，自古为帝王择都的理想之地。据《两京新记》载："初，隋炀帝登北邙观伊阙，顾曰：'此龙门耶，自古何为不建都于此？'仆射苏威对曰：'自古非不知，以俟陛下。'帝大悦然：'其地北据山麓，南望天阙，水木滋发，川原形胜，自古都邑，莫有此也。'"

建筑大师宇文恺利用邙山、伊阙之间北、西、南三面环山、河网纵横的山水形势，仿逆时针太极运行图，设计建造了一座星汉拱卫的人间天都。

河汉之象　邙山、伊阙之间，三面环山。洛河从西南北入洛阳盆地，向东横流，依次接纳西北渑山来的谷水（涧河入洛段）、北面邙山来的金水河、南面龙门山来的伊河，构成天然河网。宇文恺以中央河流洛河为南北对称轴，把洛阳城分为南北两半。北半部西临谷水，南临洛河，东跨瀍河，北望邙山自西而东的金水河；南半部西、北两面临洛河，东临伊河。整个洛阳城都在河网之中。同时，在北半部城西隔谷水开挖周长十里的人工湖，与河网构成了河汉之象，并且，这一河汉之象由大运河相牵，坐落于长安、涿郡、余杭三点之间，牵一发而动全局。

天都气派　利用南面的伊阙为龙门，由龙门进入，第一门是洛阳城南门——定鼎门，也称天门；从天门顺天门街（也称定鼎门街）北行至洛河，过天津桥，北入皇城南门——应天门；由应天门北上入通天宫。宫城偏城西北，由数座小城拱卫，构成北斗星状，以象征北辰藩卫。

坊市格局　隋东都城周围六十九里三百二十步，由皇城、宫城、夹城、含嘉仓城组成。都内纵横各十街，一百零三坊，布局严整，井然有序。在里坊之间、洛河两岸，建三个大市场，即丰都市、大同市、通远市。三个市场有漕船泊位，沟通运河。

西苑　西苑是隋东都的重要组成部分，是一座规模空前、举世无双的皇家园林，对中外园林建筑均产生了深远影响。

《隋书·食货志》载："又于皂涧营显仁宫，苑囿连接，北至新安，南及飞山，西至渑池，周围数百里。课天下诸州，各贡草木花果、奇禽异兽于其中。开渠，引谷、洛水，自苑西入，而东注于洛"。《大业杂记》载，西苑周围二百里。

东通皇城宝城门、宫城阊阖门。内有海（人工湖），周长十里，深数丈。海中方丈、蓬莱、瀛洲诸山（岛）。岛上有楼台观阁。海北有龙鳞渠，渠宽二十步，串连宫院十六座。玉栏朱楣，回环四合；飞桥连亭，轻舟荡波。海周望山，山皆水环。山水相间之处，离宫别馆相望。名花异木，四季不绝；奇禽怪兽，出没其间。

## 二、唐东都与武周神都

（一）李唐东宅　隋东都毁于隋末农民战争。唐太宗即位后，急欲复建东

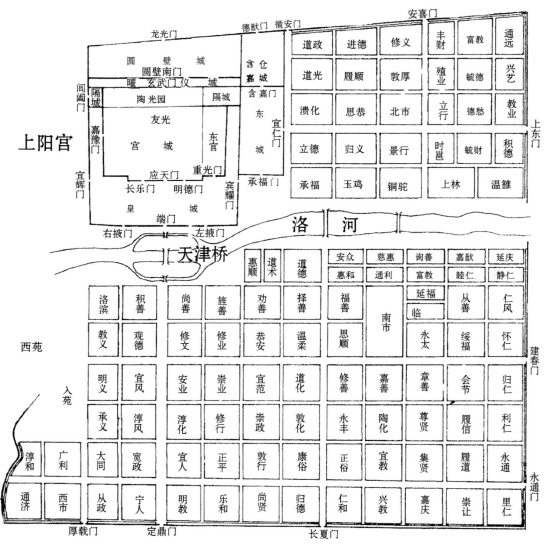

唐东都洛阳城平面图

都城，因国力不及，仅仅在隋东都紫微城基础上营建了洛阳宫："洛阳土中，朝贡道均，朕故修营，意在便于百姓。"（《旧唐书·张玄素传》）

唐高宗永徽六年（655年），皇后武则天移居洛阳，洛阳政治地位开始上升。唐高宗显庆二年（657年），高宗"手诏改洛阳宫为东都，洛州官员阶品并准雍州"（《旧唐书·高宗纪》）。此后，高宗以洛阳为东宅，实施营都计划。《新唐书·韦弘机传》载："帝尝言：'两都，我东西宅，然因隋宫室日仆不完，朕将更作，奈财用何？'弘机即言：'臣任司农十年，省惜常费，积三十万缗，以治宫室，可不劳而成。'帝大悦，诏兼将作、少府二官，督营缮。"

第五章 隋唐时期丝路东端起点的繁荣与昌盛

宫城应天门遗址

唐东都建成后，高宗往来于东西二京之间，居洛时间累计14年。其间从显庆五年（660年）开始，高宗因多病不能理事，政务交由武则天代理。从此开始的24年中，洛阳一直是武则天政治决策之地。其间，武则天立中宗、废中宗、立睿宗，掌握着废立皇帝的最高统治权。洛阳名为东都，实为首都。

武则天之后，中宗迁都长安，称洛阳为"东京"，降洛阳为陪都。然而，唐玄宗开元年间，关中再次发生严重饥荒，唐玄宗重蹈隋文帝老路，率朝堂百官、关中百姓千里就食于洛阳，不得不恢复东都旧制，复称二京为东西宅。天宝以前，玄宗像高宗一样，频繁往来于二京之间，居洛阳时间十余年。

（二）**唐东都建设** 唐东都是在隋东都基础上重新建成，因而比隋时更为完美、壮观。

**郭城** 郭城是一座南北长的准矩形里坊式布局的中世纪城堡城市。根据中国社会科学院考古研究所洛阳工作队的考古发掘报告，东城亘长7312米，南城亘长7290米，西城亘长6776米，北城亘长6138米，城周总长27.516公里。整个城池"前直遗缺伊阙，后依邙山，东出瀍水之东，西出涧水之西，洛水贯都，有河汉之象"（《两京城坊考》）。洛河东西贯穿，把城池分为南北两部分。定鼎大街作为中轴线，通过洛河上的天津桥贯通南北，把城池分为东西两部分。其中的天津桥是洛阳城一大风景线。白居易有诗赞曰："上阳宫里晓钟后，天津桥头残月前。空阔境疑常下界，飘摇身似在寥天。星汉隐映初生日，楼阁葱茏半出烟。此处相逢倾一盏，始知地上有神仙。"（《晓上天津桥闲望》）

郭城共设八座门，分别开在东、南、北三面（西面连接皇家园囿故无城门）。南有三座门，定鼎门居中，西为厚载门，东为长夏门；东有三座门，自北而南依次为上东门、建春门、永通门；北有两座门，西为徽安门，东为安喜门。其中，定鼎门巍峨壮丽，高18米，加上重楼总高30余米。考古发掘，测知定鼎门宽约90米至121米。从定鼎门到洛北皇城端门间以天津大街贯通，长达3000米。

郭城内有坊112座。洛南83座，洛北29座。洛南诸坊，洛水、伊水环绕，绿柳夹岸，门前有流水，墙内多高树，一派园林景象。

里坊之内有三个大市场。北市在洛北，南市和西市在洛南。南市和西市以通济南渠相连，漕船流动期间，转输千里之外。

皇城与宫城　皇城南临洛河，北依邙山，"东西五里一十七步，南北三里二百九十八步，周一十三里二百步，皇城城高三丈七尺"（《两京城坊考》）。

皇城南面开三门：正南为端门，南对天津桥；端门东为左掖门，西为右掖门，西南为丽京门。

宫城在皇城内西北隅。唐太宗称洛阳宫，武则天名太初宫。其规模，"城东西四里一百八十步，南北二里一十五步。……宫内别殿、台、馆三十五所"（《旧唐书·地理志·河南道》）。经考古发掘测知：北墙1400米，西墙1270米，南墙1710米，东墙1275米。

宫城之内有小城：隔城、东宫、曜仪城、圆壁城。大小城门13座，其中应天门最壮观。应天门南对端门，隋时称则天门，唐高宗时复建，武则天称应天门，中宗改称神龙门。

（三）**武周神都**　唐睿宗文明元年（684年），武则天临朝称制，改东都为

第五章　隋唐时期丝路东端起点的繁荣与昌盛

应天门想象示意图

神都。至神龙元年（705年）中宗改神都为东都时止，神都之名沿用21年。其间，以武则天载初元年（690年）为界，李唐神都6年，武周神都15年。21年中，武则天掌握着废立皇帝的最高统治权，为武周女皇15年；中宗、睿宗在神都先立后废，最后中宗复辟。

（四）**李唐首都** 神龙元年（705年）正月，武则天退位，中宗复辟。神龙二年（706年）十月，中宗迁都长安。从中宗复辟到西迁长安，洛阳为中唐首都一年零九个月。

唐昭宗天复元年（901年）正月，宣武节度使朱全忠火烧长安宫室，挟持唐昭宗迁都洛阳。从此，洛阳成为唐的唯一首都。八月，朱全忠在洛阳杀死昭宗，立昭宗幼子李柷为帝，是为哀帝。天祐四年（907年）四月，朱全忠废唐建梁。从昭宗迁洛到唐朝灭亡，洛阳为唐末首都三年零四月。

## 三、东都至神都时期的都城建设

武则天当政时期，在唐东都城之内，增建了明堂、天堂、天枢、九州鼎、十二神雕塑等巨大建筑。

（一）**明堂** 据《资治通鉴·唐纪》载，武则天垂拱四年（688年），"毁乾阳殿于其地作明堂，以薛怀义为之使，凡役数万人"。是年十二月，"明堂成，高二百九十四尺，方三百尺。凡三层。下层啊法四时，各随其色。中层法十二辰。上为圆盖，九龙捧之，施九龙风，高一丈，饰以黄金。中有巨木十围，上下贯通……下施铁渠，为辟雍之象，号曰'万象神宫'。因耗费巨大，侍御史王求礼上书'昔殷辛琼台，夏癸瑶台，无以加也'。"

（二）**天堂** 继明堂之后，武则天在明堂之北建天堂，《资治通鉴·唐纪》云："于明堂北起天堂五级，以贮大像至三级则俯视明堂矣。"即天堂高于明堂两级，上置大佛像。由于佛像太大，"其小指中，犹容数十人"。

天堂建成后不久，即于天册万岁元年（695年）被大风刮倒。武则天令薛怀义重新建造。薛怀义"日役使万人，采木江陵。数年之间，所费以万亿计。府藏为之耗竭"《资治通鉴·唐纪二十一》。薛怀义挥金如土，遭人指责，于是暗中火烧天堂。武则天再令薛怀义监造，万岁通天元年（696年）三月，天堂第三次建成。《唐六典》记载："上圆下方，八窗四门，高三百尺。……去都百余里，遥望见之。"

天堂想象示意图

（三）天枢　在建造天堂时，延载元年（694年）八月，"武三思率四夷酋长，请求铸铜铁为天枢，立于端门外，铭记功德，黜唐颂周。以姚王寿为督作，使诸侯铸铁百万亿，买铜铁不能足，赋民间农器以足之"。天册万岁元年（695年），天枢建成。《资治通鉴·唐纪二十一》云："高一百五尺，径十二尺；八面，各径五尺。下为铁山，周百七十尺。以铜为蟠龙麒麟萦绕之。上为腾云承露盘，径三尺，四龙人立捧火珠，高一丈。工人毛婆罗造模，武三思为文，刻百官及四夷酋长名。太后自书其榜曰'大周万国颂德天枢'。"

天枢想象示意图

（四）九州鼎　天册万岁元年（695年），武则天令薛怀义监铸九州鼎。豫州鼎为神都鼎，高一丈八尺；其他八州鼎皆高一丈四尺。各鼎之上铸山川物产。"共用铜五十六万七百斤。"（《历代宅京记》）武则天还想以黄金千两涂之，被姚王寿劝止。

（五）十二神雕塑　继九州鼎之后，武则天令铸十二神雕塑于天堂周围。结合十二天干和十二动物铸成十二神雕塑。各神皆高一丈，安置天堂周围。每到祭祀天堂之时，宰相、诸王帅南北牙宿卫兵十万余人，随以大牛、大白象，从玄武门列队而入，站于天堂四周。

## 第二节　隋唐交通中枢

### 一、隋唐大运河中枢

《隋书·炀帝纪》载，大业元年（605年），隋炀帝下令利用天然河流和前代旧有运河渠道连接隋文帝时开凿的潼关至大兴城之间的广通渠，开凿南北大运河。全部工程分通济渠、山阳渎、江南河、永济渠四段进行。从大业元年开始，到大业六年（610年）竣工，历时六年，凿通南北运河四千八百里；加上西北广通渠，构成以洛阳为中心，南达余杭、北抵涿郡、西至长安的五千里大运河，将东南、华北、西北连为一体，大大提高了首都洛阳政治经济中心的凝聚力。

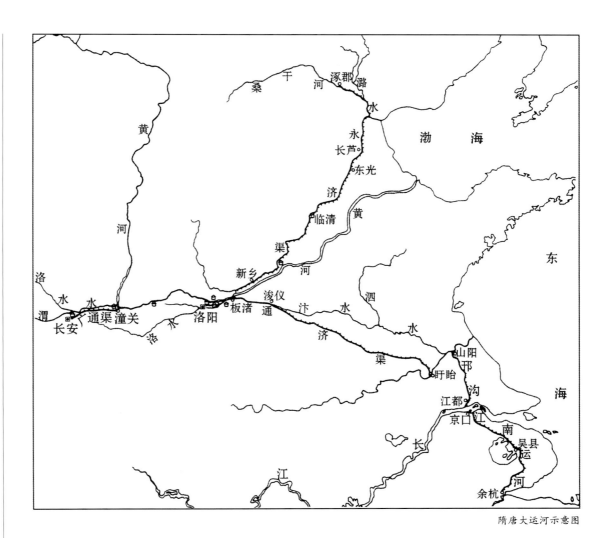

隋唐大运河示意图

　　**通济渠**　大业元年（605年）二月，炀帝征发河南、淮北百万民工，完成了洛阳至淮河之间的区段运河通济渠。该渠从洛阳西苑引谷水、洛水向东北入黄河，东流至板木者（今荥阳汜水东北），穿荥泽（今郑州西北），入汴河；从大梁引汴水向东南入泗水，由盱眙对岸入淮河。这段运河因流经洛阳城南部的通济坊而称通济渠，因其主要功能是漕运转输，也称漕渠。此渠在洛阳城东南汇集多条支流，辟为一湖，名"新潭"，作为东来漕船装卸港。通济渠北起河洛，南连淮河，沟通黄淮，长一千六百余里。

　　**山阳渎**　山阳渎即春秋之邗沟。在开凿通济渠的同年，炀帝征发淮南民夫十余万，加深拓宽旧道，从山阳（今江苏淮安）引淮水至扬子入长江。山阳渎北通通济渠，南接江南河，沟通江淮，连接山阳与扬州，长三百余里。

127

扬州大运河

　　**永济渠**　大业四年（608年）正月，炀帝诏发河北诸郡男女百余万开凿永济渠。利用板木者对岸的沁水，开渠串连清水、淇水，东入卫河，顺卫河，北经蓟州，达于涿郡（今北京）。永济渠沟通黄河、海河，连接洛阳与涿郡，长两千余里。

　　**江南河**　大业六年（610年），炀帝诏发吴越民夫数十万开凿江南河。从京口（今镇江）引长江水，穿太湖，向东南入钱塘江，达于余杭（今杭州）。江南河沟通长江、太湖、钱塘江，连接京口和余杭，长八百里。

　　大运河开通后，加强了南北经济文化交流，增强了丝路起点洛阳的凝聚力和辐射力，使洛阳迅速上升为国际性的大都会。

扬州运河的古码头遗址

## 二、隋唐陆路网络中心

（一）两京驿道　即东京洛阳到西京长安的道路。隋唐时期，对前代南北二崤道几经整修和拓宽，形成了著名的东西两京道。两道从洛阳都亭驿出发，北道出函谷关沿涧河谷地西行陕州、潼关达于长安；南道沿洛河谷地西行，或从宜阳之三乡穿崤山上北道，或从三乡西永宁之羲册（今洛宁中河乡照册）穿崤山上

平坡驿站

北道，经陕州、潼关西向长安。南北两道中，南道平坦开阔，尤便于行车，成为主要路线。隋唐时期，皇帝与百官频繁往来于两京之间，为方便交通，沿途多设行宫与驿馆。唐玄宗开元年间，行宫有十八处，驿馆有四十五所。为美化驿道环境，官府在道旁多植国槐和垂柳，达到林荫夹道、花木遮路的效果。白居易有诗相赞："宫道柳荫荫，行宫花漠漠。"（《西行诗》）两京驿道是前代豫秦陇道的第一段。向西连接秦陇古道。

（二）洛阳至云州道　洛阳至云州（今山西大同）道即前代的洛阳至云中道。隋炀帝时凿宽了太行山径，使道路宽平易行。行经路线从洛阳走河阳桥过黄河，经怀州沿丹水河谷北上太行径，出天井关，达于潞州（今山西长治），分为两道：一道北行，越轩车岭，经太谷过并州（今太原），入云州而望塞北草原；另一道西北行，出百会关，沿汾水北上并州、云州。

（三）洛阳至幽州道　即前代的洛阳至冀州道。此道从洛阳出发，东北行怀州、卫州（今河南淇县），从卫州分为两道：其一道北经相州（今河南安阳）、邢州（今河北邢台）、赵州（今河北赵县）、定州（今河北定州）达于幽州（隋涿

丝路北道

郡），东望辽东；其一道东北行，沿永济渠一线，经魏州、德州、沧州、蓟州（今天津），达于幽州。

（四）**洛阳至登州道** 即前代旋门道的东延。此道从洛阳东出虎牢关（东汉旋门关），至汴州分为两道：其一道继续东行，经曹州、兖州、莱州，达于登州而望大海；其一道沿大运河一线向东南而下余杭。

（五）**洛阳至荆州道** 是洛阳通向南方的大道。此道从洛阳南出伊阙关至汝州（今河南汝州）分为两道：其一道向东南，达于扬州；其一道继续南行，经邓州、襄州至荆州。荆州作为南国交通中心，有多条道路在这里分出：向东可下扬州，向西可入巴蜀，向南可抵广州海港，向西南则达交州（今广西苍梧）而望林邑。

## 三、隋唐对外交通中心

（一）**隋唐三条丝路的东端起点** 隋唐两代的大统一，洛阳几度为全国首都，尤其是洛阳在全国的水陆交通中枢地位，决定其成为北方草原丝绸之路、中央丝绸之路、南方海陆丝绸之路三条丝路的东端起点。其一，突厥在西北大漠中的崛起，回纥族、契丹族在塞北草原的诞生，以及隋唐两代帝国与草原民族的时战时和，决定了北方草原丝绸之路的复兴。其二，隋唐两代帝国的繁荣与昌盛和丝路沿线国家强烈的交流欲望，决定了中央丝绸之路的繁盛。其三，随着航海技术的提高，印度洋、地中海沿岸国家的使团和商队乘风破浪东来，或从中南半岛登陆走扶南、日南、林邑、交州、桂林、桂阳（今湖南长沙）、荆州，或从广州登陆北行达于荆州，从荆州经襄阳、邓州、汝州、伊阙达于洛阳。

（二）东亚海陆丝绸之路的东方终点　隋唐时期，东亚朝鲜半岛国家与日本岛国家正处在奴隶制向封建制过渡的历史时期，向往中国先进的政治制度和辉煌灿烂的经济文化，于隋炀帝、唐高宗、武则天、唐玄宗统治期间，使团、留学生、留学僧一批又一批求学洛阳，将中国先进的经济文化源源不断地播回本国，其通向洛阳的陆路和海路被誉为"以洛阳为东亚海陆丝绸之路东方终点的东亚海陆丝绸之路"。

以洛阳为东亚海陆丝绸之路东方终点的东亚海陆丝绸之路以日本为起点，分为两条：一条从日本岛出发，北渡对马海峡经朝鲜半岛，入辽东出山海关，沿洛阳至幽州道向西南归于洛阳；一条从日本岛出发，东渡黄海登陆登州，顺洛阳至登州道西行至洛阳。以朝鲜半岛为起点也分为两条：一条从朝鲜半岛北部出发，入辽东出山海关，沿洛阳至幽州道向西南归于洛阳；一条从朝鲜半岛南部出发，东渡黄海登陆登州，顺洛阳至登州道西行至洛阳。

# 第二节　隋唐经济中枢

## 一、隋帝国经济中枢

隋初，文帝定都长安，但关中一域之物产，难济帝国之财用，即向物流中心洛阳调粮。《隋书·食货志》载："开皇三年，朝廷以京师仓廪尚虚，议为水旱之备，于是诏于蒲、陕、虢、熊、伊、洛、郑、怀、邵、卫、汴、许、汝等水次十三州，置募运米丁。又于卫州置黎阳仓，洛州置河阳仓，陕州置常平仓，华州置广通仓，转相灌注。漕关东及汾、晋之粟，以给京师。又遣仓部侍郎韦瓒，向蒲、陕以东，募人能于洛阳运米四十石，经砥柱之险，达于常平者，免其征戍。"由于两京之间水陆粮道多艰，其中沟通黄河与长安的"渭水多沙，流有深浅，漕者苦之"，所以，开皇四年（584年），文帝下诏："命宇文恺率水工凿渠，引渭水，自大兴城东至潼关，三百余里，名曰广通渠。"开凿广通渠的目的是"转运通利，关内赖之。诸州水旱凶饥之处，亦便开仓赈给"。但广通渠并不能解决潼关到洛阳之间漕运不畅的问题，集中在洛阳的物资难抵长安，经济危机依然存在，屡屡出现关中官民千里就食洛阳的尴尬景象。如开皇四年（584年）九月，文帝"驾临洛阳，关内饥也"，直到次年四月才返回长安。开皇十四年（594年），"关中大旱，人饥。上率户口就食于洛阳"。关中户口就食洛阳者，道路相属。"上敕斥候不得辄有驱逼。男女参厕于仗卫之间，逢扶老携幼者，辄引马避之，慰勉而去；至艰险之处，见负担者，遽令左右扶助之。"（《资治通鉴·隋纪二》）

皇帝率百官及关中百姓东行千里到洛阳解决吃饭问题，足见政治中心长安对物流中心洛阳的依赖性。正是要解决政治中心与物流中心位置不统一的矛盾，隋炀帝在即位之年便下诏营建东京洛阳，并开凿以洛阳为中心的南北大运河。

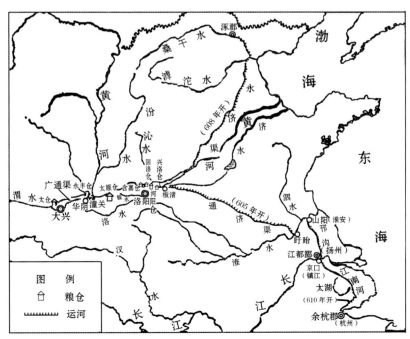

隋朝漕运与仓储图

由于洛阳交通便利，炀帝营建东京时，"东至成皋，北至河阳，车相望于道"，每月役使民力二百万，将全国建设物资集于洛阳。大运河开通后，洛阳的转输能力大大提高。如炀帝的龙舟，高四十五尺，阔四十五尺，长二百尺。炀帝多次乘舟，从西苑谷水启航南下扬州。正是凭着大运河的通航能力，洛阳内外出现了许多大仓。其中，城北七里的回洛仓，仓城周围十里，内有三百个窖（《资治通鉴·隋纪四》）；在洛河下游的洛口仓，仓城周围二十余里，内有三千

洛阳含嘉仓

个窖，每窖可容八千石；城内的子罗仓，储盐二十万石，储"米更米六十余窖，窖别受八千石"（《资治通鉴·隋纪四》）；城内的含嘉仓，估计窖数在四百个左右，仓中的粟、糙米、小豆等粮食品种，分别来自北方的冀州、邢州、德州和南方的楚州、苏州等地（《含嘉仓遗址陈列说明》）。

## 二、唐帝国经济中枢

唐代充分发挥洛阳在大运河的中枢作用，集中南北物资于此，分配到所需之地，特别是保证西京长安和西北战争之用。以粮食为例，唐高宗永徽年间，经洛阳调往西北的岁一二千石；武则天统治时期，岁在百万石以上。玄宗即位后，西北用度越来越大，大运河明显成为唐帝国的生命线。由于洛阳孟津至陕州之间的黄河航道艰险，特别是三门砥柱处事故经常发生。开元二十一年（733年），玄宗接受裴耀卿建议，在洛阳孟津以西凿山修路建仓，将漕运之粮囤积于仓，再将囤粮陆运关中。实行水陆转运后，"凡三岁，漕七百万石"；天宝二年（743年），由洛阳转运关中的粮食增至岁四百万石，达到了汉武帝时的规模。在水陆转运中，洛阳北的河阴仓、柏崖仓，洛阳西的集津仓，洛阳城中的含嘉仓发挥了东粮西用、囤积应急的重要作用。"安史之乱"期间，洛阳水陆运输系统瘫痪。

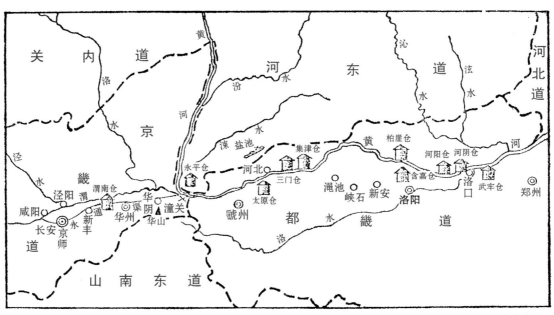

唐代漕运仓储中心图

乱后，因藩镇割据，洛阳水陆运输系统未能立即恢复，关中面临严重危机，刘晏受代宗之命主持漕运，一面疏通大运河，特别是洛阳以西的水道和山路；一面在扬州造专用于内河漕运的船只两千余艘，其中大船载粮达千斛.漕船经过精心组织，"十船为纲，每纲三百人，篙工五十。自扬州遣将部送河阴（洛阳孟

豫陕古黄河栈道

津），上三门"（《新唐书·食货志》）。经过刘晏治理，漕运恢复，经洛阳转输的粮食达到岁一百万石以上，缓解了关中缺粮的严重危机。

## 第三节　隋唐时期发自丝路东端起点的复路战争

### 一、隋炀帝打通丝路交通的战争

隋炀帝即位后，急于和西域诸国正常交往，但"突厥、吐谷浑分领羌胡之国，为其拥遏，故朝贡不通"（《隋书·裴矩传》）。为排除敦煌通往西域的交通障碍，隋炀帝先后发动了对吐谷浑和突厥的战争。

抗击土谷浑的通路战争　　土谷浑是鲜卑慕容部的一支，西晋末年迁居到青海湖一带的湟水谷地，征服了当地的羌族，以伏俟城（今青海湖西）为首都，建立起土谷浑汗国。5世纪中叶，土谷浑成为西陲的一个强大势力，其范围"东西三千里，南北千余里"（《周书·异域列传·土谷浑》）。由于当时土谷浑臣服于北魏，宋云西天取经至河西曾借道土谷浑西行。北魏分裂后，土谷浑控制了祁连山至西域间的丝绸之路，严重威胁着隋的边郡。隋炀帝即位后，为打通河西走廊至西域间的丝路，便把打击的矛头对准了土谷浑。据《隋书·土谷浑》载，大业三年（607年），炀帝派裴矩出使臣服于隋朝的铁勒部，铁勒迅速出兵，大败土谷浑。次年，土谷浑可汗伏允率部逃入隋境，隋军乘势进击，"伏允遁逃，部落来降者十万余口，六畜三十余万……伏允惧，南遁于山谷间"。土谷浑故地，"自西平临羌城以西，且末以东，祁连以南，雪山以北，东西四千里，南北二千里，皆为隋有"。至此，隋炀帝除掉了河西至西域之间丝路交通的一大障碍。

第五章　隋唐时期丝路东端起点的繁荣与昌盛

唐代突厥文字

抗击突厥的通路战争　　突厥族原来游牧于叶尼塞河上游，5世纪中叶东迁到阿尔泰山南麓，臣服于柔然。西魏末年，突厥打败柔然，建立汗国。北周时期，突厥急剧扩张，领土范围"东自辽海（辽河）以西，西至西海（里海）万里，南自沙漠以北，北至北海（贝加尔湖）五六千里"（《周书·异域列传·突厥》）。突厥崛起后，统治西域，控制草原丝绸之路和中央丝绸之路，威胁中原王朝。隋初，突厥大举南下攻城略地，被隋军击溃。由此，突厥分裂为东西两个汗国，在隋文帝"远交近攻，离强合弱"的战略方针下，陷入长期的内战之中。隋炀帝消灭土谷浑汗国后，把突厥视为打通西域的最大障碍。利用突厥内部两大集团之间的矛盾，炀帝借射匮可汗求婚之机，令射匮攻处罗可汗。"射匮闻而大喜，兴兵袭处罗，处罗大败，弃妻子，将左右数千骑东走。"（《隋书·北狄传·西突厥》）处罗为射匮所迫，转而降隋。隋炀帝联姻射匮，纳降处罗，拔除了垄断草原丝绸之路、威胁中央丝绸之路的最大障碍。

## 二、武则天执政时期打通丝路交通的战争

（一）**战争背景**　隋唐之际，中原长期内乱，西北的西突厥、东突厥两大游牧集团东山再起，西突厥控制西域北部并威胁河西，东突厥控制河套并进逼关

疏勒河

中；同时吐蕃在昆仑山以南崛起，北上控制西域，南部窥视河西。不仅如此，在突厥、吐蕃之外，西亚的大食帝国挥戈东进，垄断了葱岭以东的丝路交通。唐太宗统治后期，随着国力的增强，自东而西，发起了一系列复地、复路战争；随着战争的节节胜利，步步推进，由伊吾深入到葱岭东麓。为巩固战争的成果，在龟兹、疏勒、于阗、碎叶设置军镇，史称"安西四镇"；在龟兹设置都护府，即"安西都护府"。通过安西四镇和安西都护府的设置，对西域实施行政管辖，对丝路交通予以保护。但是，因兵力不足，仅有唐军支撑，不得不册封降唐的突厥首领阿史那贺鲁为左骁卫大将军对西域实行代管，同时与吐蕃实行和亲政策，用册封与和亲的办法维持对西域的统治，并保证丝路交通的畅通。

青海唐代大墓出土的吐蕃藏文碑刻

贞观二十三年（649年），唐太宗去世，形势开始变化。高宗永徽二年（651年），首领阿史那贺鲁举兵反叛，唐朝势力被迫撤出西域，安西四镇陷落。此后，利用突厥内乱之机，唐高宗连续发动了三次收复战争，直到显庆二年（657年），才平定了阿史那贺鲁之乱，第二次建立安西四镇和安西都护府。鉴于兵力所限，唐高宗沿袭太宗旧制，册封降唐的突厥首领配合唐王朝在西域的行政长官对西域实行管辖。

唐高宗第二次建立安西四镇和安西都护府之后，吐蕃打破与唐朝的和平局面，公开与唐朝争夺西域，由于此时唐军主力在朝鲜半岛作战，西域军力严重不足，高宗于咸亨元年（670年），再次撤出唐在西域的势力，安西四镇再次陷落。

从咸亨二年（671年）开始，唐朝与吐蕃展开了反复争夺西域的斗争。直到高宗调露元年（679年），唐军在争取西突厥阿史那都支归附的有利形势下，联合打败吐蕃，第三次建立起安西四镇和安西都护府。

（二）武则天收复安西四镇　唐高宗咸亨年间，由于体力每况愈下，军政

唐蕃古道上的日月山

大权逐渐转移到皇后武则天之手。从唐朝第三次建立起安西四镇和安西都护府开始，武则天公开指挥对西域的战争。总结唐朝三次弃置安西四镇和安西都护府的经验教训，接受陈子昂、狄仁杰"撤军不失地，广地不劳人"的建议，主动放弃安西四镇和安西都护府，委任西突厥贵族管理西域。然而这一建议的实施反而助长了吐蕃的气焰，强悍的吐蕃军大举入侵西域，驱逐西突厥势力，占领整个西域，东进敦煌，威胁河西，并与东突厥相呼应，对唐朝形成夹击之势。

意识到放弃安西四镇的危害性，武则天重新调整战略，放弃东线对高丽用兵的计划，全力应对西北战事。睿宗载初元年（689年），任命韦待价为安息道行军大总管，率三十六总管出兵西域，决战吐蕃。此战唐军因韦待价无将帅之才而大败。武则天圣神皇帝天授二年（691年），改派岑长倩为武威道行军大总管，出兵西域，然而岑长倩未及出征，便因反对立武承嗣为皇子一事被下狱。武则天圣神皇帝长寿元年（692年），另派王孝杰为武威道行军大总管，出征西域，大败吐蕃军，乘胜收复安西四镇。捷报传到洛阳，武则天喜色溢于言表："昔贞观中具绫得此蕃城，其后西陲不守，并陷吐蕃。今既尽复于旧，边境自然无事。孝杰建斯功效，竭此款诚，遂能裹足徒行，身与士卒齐力。如此忠恳，深是可嘉。"（《旧唐书·王孝杰传》）于是，武则天乃拜孝杰为左卫大将军。明年，迁夏官尚书、同凤阁鸾台三品，封清源男。延载初，入为瀚海道行军总管。

（三）武则天巩固安西四镇的战争 于阗附近一系列军镇的设置，堵塞了吐蕃北上的通道，迫使吐蕃绕道葱岭迂回安西四镇。由于路途遥远，运输困难，吐蕃扶植西突厥反唐势力，从南北两个方向夹击安西四镇。武则天延载元年（694年），吐蕃军绕道葱岭北上，西突厥军沿葱岭南下，联合进攻安西四镇。"武威道大总管王孝杰与战冷泉、大领谷，破之；碎叶镇守使韩思忠又破泥熟俟斤及突厥施质汗、胡禄等，因拔吐蕃泥熟没斯城。"（《新唐书·吐蕃传》）此战不仅保卫了刚设立的安西四镇，而且扩大了唐在西域的管辖范围，显示了唐朝强大的军事实力。

吐蕃戍堡

## 第四节 隋唐巩固西域丝路交通的行政措施

### 一、隋炀帝巩固西域丝路交通的行政措施

消灭土谷浑汗国之后，隋炀帝"置西海（今青海湖西）、河源（今青海兴海东南）、鄯善（今新疆若羌）、且末（今新疆且末）等四郡"（《隋书·炀帝纪》），控制了西域南道的交通；同时，加强对西域北道门户伊吾的经略，令裴矩建新伊吾城，在伊吾设立互市，驻兵戍守。大业六年（610年），炀帝设置伊吾郡（《元和郡县志》卷四十《陇右道·伊州》）。西海、河源、鄯善、且末、伊吾（今新疆伊吾）五郡的设置，打通了进入西域的门户，铺平了深入西域腹地的道路。

突厥处罗可汗降隋后，大业七年（611年）冬，炀帝"诏留其羸弱万余口，令其弟达度关牧畜会宁郡"。处罗则跟随炀帝，从征高丽，巡幸江都。直到隋亡，为北蕃突厥所害（《隋书·北狄传·突厥》）。处罗可汗部归化会宁郡和处罗可汗入质隋廷，消除了西北最大隐患，实现了中央丝绸之路与北方草原丝绸之路的畅通。

在排除土谷浑、突厥两大障碍，管辖西域门户之后，隋炀帝加快了统一西域的步伐。大业八年（612年），将华容公主嫁给高昌国王魏伯雅。授意魏伯雅下诏其国，改易服色，臣服于隋朝。作为西域的咽喉，高昌国的归化，是隋统一西域的标志。然而，全国规模的隋末农民战争此时已经爆发，隋炀帝统一西域功亏一篑，统一西域的使命便留给了唐朝。

高昌古城的回字形佛寺

## 二、武则天巩固丝路交通的军政措施

（一）**强化安西四镇军事力量**　武则天在收复安西四镇之后，在龟兹重建安西都护府。为巩固战争成果，调精兵三万常年戍守安西四镇，从而使安西四镇的军事力量大大增强，彻底改变了贞观以后因兵力不足得而复失、屡置屡弃的尴尬局面，震慑了时降时叛的突厥势力，结束了与吐蕃在西域的拉锯战争，也为以后唐军阻止大秦帝国的东侵做了准备。

（二）**充实安西塞防**　为防止吐蕃北上西域，武则天以积极防御的姿态，在于阗东、西、南三面设置了一系列军镇："于阗东三百里有坎城镇，东六百里有兰城镇，南六百里有胡弩镇，西二百里有固城镇，西三百九十里有吉良镇。"（《新唐书·地理志》）这诸多军镇的设置，堵塞了吐蕃北上于阗、东入西域腹地的通道。

武则天行
从图

（三）设置北庭都护府　天山北部是西突厥故地。唐太宗时在天山北部的要冲设置军镇——庭州，唐高宗时在此设置金山都护府。由于兵力薄弱，军镇屡被西突厥攻陷，形同虚设。武则天在王孝杰打破西突厥与吐蕃的联合进攻之后，为有效管辖西突厥，统一整个西域地区，于长安二年（702年），在金山都护府的基础上设置北庭都护府，下设一系列军镇，派重兵驻守。北庭都护府的设置，开始了对西突厥三十六蕃的有效统治，保证了草原丝绸之路的通畅，与安西都护府南北呼应，是唐朝统一西域的标志。

西域出土的唐代瓷器

西域出土的唐代银器

## 第五节　隋唐丝路东端起点与西域的经济交流

### 一、隋炀帝时国际商贸大都会

（一）外事机构四方馆　为适应对外交往的形势，隋炀帝在洛阳宣仁门外设置四方馆。据《隋书·百官志》载，四方馆中，"东方曰东夷使者，南方曰南蛮使者，西方曰西戎使者，北方曰北狄使者。各一人，掌其方国及互市事"。同时，改典客署为典蕃署，"每使者署，典护录事、叙职、叙仪、监府、监置、互市监及副、参军各一人。录事主纲纪，叙职掌其贵贱立功合叙者。叙仪掌大小次序。监府掌其贡献财货。监置掌安置其驼马船车，并纠察非违。互市监及副，掌互市。参军事出入交易"。

（二）国际商贸市场　为适应对外贸易的形势，隋炀帝在洛阳设三个大市场，"东市曰丰都，南市曰大同，北市曰通远"（《隋书·百官志》）。其中丰都规模最大，周围八里，内有一百二十行，三千余肆，四百余店；通远次之，周围六里，其内舟船万计。

（三）招商兴贸　为繁荣洛阳市场，炀帝"徙天下富商大贾数万家于东京"（《隋书·炀帝纪》），调"河北诸郡工艺户陪东都三千余家"（《大业杂记》）。在河西走廊的张掖设互市，作为窗口，由吏部尚书裴矩负责，将西域诸蕃引向商贸中心洛阳。

大食人陶俑

《隋书·裴矩传》载:"帝复令矩往张掖,引致西蕃,至者十余国……复令矩往敦煌。矩遣使说高昌王麴伯雅及伊吾吐屯设等,啖以厚利,导使入朝。"

炀帝还通过西巡扩大影响,发展朝贡贸易:"西巡,次燕支山,高昌王、伊吾设等及西蕃胡二十七国,谒于道左";巡至张掖,"蛮夷陪列者三十余国"。回到东都后,蕃胡尾随而至,于是,炀帝"令三市店肆,皆设帷帐,盛列酒食,遣掌蕃率蛮夷与民贸易,所至之处,悉令邀延就坐,醉饱而散。蛮夷嗟叹,谓中国为神仙"(《隋书·裴矩传》)。这一场面,《资治通鉴·隋纪五》记述得尤为详细:"六年春正月……诸蕃请入丰都市交易,帝许之。先命整饰店肆,檐宇如一;盛设帷帐,珍货充积,人物华盛,卖菜者亦藉以龙须席,胡客或过酒食店,悉令邀延就坐,醉饱而散,不取其直(值)。绐之曰:'中国丰饶,酒食例不取直(值)。'胡客皆惊叹。其黠者颇觉之,见以缯帛缠树,曰:'中国亦有贫者,衣不盖形,何如以此物与之,缠树何为!市人惭不能答。'"裴矩顺炀帝之意,不惜代价地款待胡商贩客,换来了丝路贸易的繁盛。

## 二、唐国际商贸大都会

(一)国际商贸市场　经过隋末战乱,洛阳的三个商业市场已荡然无存。唐朝建立后七十余年,重建了三个贸易市场。第一个市场是唐武德四年(621年),在隋丰都市的基础上重建,面积由原来的两坊之地"减为坊半"(《唐六典》卷二十《太府寺·京都诸市署令》),"以其在洛水南"而称南市(徐松:《唐两京城坊考》卷五《东京》)。第二个市场是高宗显庆二年(657年),在隋北市的地基上重建,规模比隋北市少了半坊之地(《唐会要》卷八十六《市》),因建在漕渠之北而称北市。第三个市场是武周天授二年(691年),在隋大同市西南的固本坊建立,因地处前两个市场之西而称西市(《唐会要》卷八十六《市》)。

武则天在洛阳建立武周政权以后,为繁荣京师,迁关中数十万户以实洛阳,人口总数过百万,"其中工商户甚众"(《全唐文》卷二百七十二徐坚《请停募关西户口疏》)。随着人口的激增,洛阳商业贸易进入了空前繁荣的时期。如南市有"一百二十行"、"三千余肆",四壁有四百余店,"货贿山积"(《河南志·京城门坊

唐三彩

唐三彩

第五章 隋唐时期丝路东端起点的繁荣与昌盛

胡俑

街隅古迹》)。三个商业贸易市场的占地面积比隋朝时减少了一坊之地,各商店原有营业面积不够使用,商贩纷纷在正铺前加造偏铺,以致影响了市容观瞻。景龙元年(707年),朝廷为整顿两京诸市场的商业秩序发布敕文:"禁止两京市诸行自有正铺者,不得于铺前更造偏铺。"(《唐会要》卷八十六《市》)唐代后期,洛阳的商业远远超出三个市场的范围,发展到市外里坊街巷,形成了数处新的商业贸易区。如北市以南,洛河以北,漕渠、新潭附近的承福里、玉鸡里、铜驼里、上林里、温雒里。其中最繁华的是新潭。全国各道、府、州乃至西京长安中央政府机构,以及欧亚海洋国家的商船,都沿着大运河从东西南北云集于此,如《河南志·京城门坊街隅古迹》所载:"天下之舟船所集,常万余艘,填满河路,商旅贸易,车马填塞。"

(二)国际朝贡贸易中心　从武则天入居洛阳的显庆二年(657年)开始,唐高宗以洛阳为东宅,居洛时间越来越长,所以四夷朝贡使节跟踪而至洛阳。如

洛阳关林唐墓出土的香水瓶

麟德二年（665年），高宗在洛阳大会四夷酋长，东封泰山期间呈现出朝贡贸易的繁盛景象："麟德二年十月丁卯，帝发东都，赴东岳。从驾文武兵士及仪仗法物，相继数百里，列营置幕，弥亘郊原。突厥、于阗、波斯、天竺国、罽宾、乌苌、昆仑、倭国及新罗、百济、高丽等诸蕃酋长，各率其属扈从，穹庐毡帐，及牛羊驼马，填候道路。是时频岁丰盈，斗米值五钱，豆麦不列于市。议者以为古来帝王封禅，未有若斯之盛者也。"（《唐会要·封禅》）这次东封泰山十月从洛阳出发，次年十一月从泰山返回洛阳，时间之久，从行人马之盛，沿途观众之多，都是前所未有的。

武则天当政时期，四夷朝贡大周皇帝的盛况多次出现。其中，圣神皇帝天授元年（690年）九月，武则天在洛阳则天楼登上大周皇帝宝座时，前来庆贺的文武百官及四夷酋长、沙门道士达六万之众。此后，凡有盛大之事，四夷酋长必来庆贺。天册万岁元年（695年），端门外所立"大周万国颂德天枢"便是历史见证。

唐玄宗开元之初，因关中饥荒，复以洛阳为东都。开元十三年（725年）二月，玄宗东封泰山，事先在洛阳大会四夷酋长，然后从洛阳出发，沿途百姓夹道相迎："东至宋汴……夹路列店，待客酒酤丰溢。每店皆有驴，赁客乘。"（《通典·历代盛衰户口》）此次东岳封禅，盛况犹如高宗麟德二年。

（三）胡夷定居改籍洛阳 名从武则天入居洛阳到驾崩神都的四十八年间，随着西北护路战争的节节胜利，安西、北庭两大行政区的设置与巩固，北方草原、中央、西南海陆三条丝绸之路的通达，入居洛阳经商、度僧、学习、为质的胡夷人口逾年而增，其中多数商人长居不走，按照中国商人的习惯组成了"行"、"社"，用汉语为自己命名。这批人逐渐汉化，成为洛阳城市人口的一部分。为对定居洛阳的外籍人口实施管理，武则天于长寿年间，专门设置"来庭县"。其后，外籍人口越来越多，打破来庭一县的限制，户籍编入了永昌县。在来庭县、永昌县中，富商大贾比比皆是。如武周期间，西国献青泥珠，武则天施给西明寺，而一胡人用十万贯钱买去；垂拱年间，"龙女氾人尝出轻缣一端卖之，有胡人酬千金"（《太平广记·异闻记》）；武则天"造天枢于定鼎门，并番客胡商聚钱百万亿所成"。永昌元年（689年），永昌县做香料生意的粟特胡商，结社在龙门石窟古阳洞北崖凿龛造像。如此等等，不胜枚举。

洛阳地区出土的康智墓志

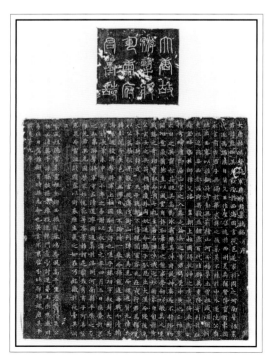

洛阳地区出土的康磨伽墓志

# 第六节　隋唐丝路东端起点与西域的文化交流

## 一、出使西域

（一）韦节出使西域　炀帝遣侍御史韦节、司隶从事杜行满出使西蕃诸国。韦节、杜行满至罽宾，得玛瑙杯，王舍城，得佛经，史国得十舞女、师子皮、火鼠毛而还。

韦节出使西域归来，西域诸国纷纷来朝。炀帝复令闻喜公裴矩于武威、张掖间往来迎接。"其有君长者四十四国。矩因其使者入朝……大业年中，相率而来朝者三十余国，帝因置西域校尉以应接之。"（《隋书·裴矩传》）

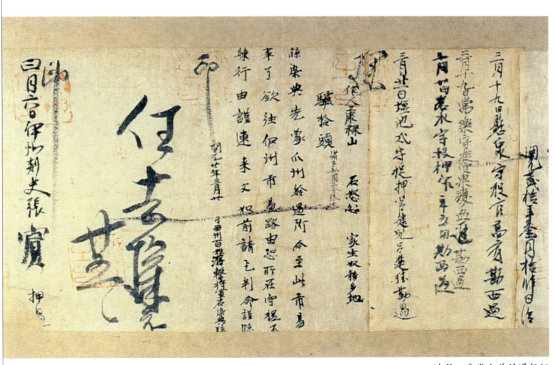

过所，唐代出关的通行证

153

　　（二）裴矩撰《西域图记》　　裴矩在张掖迎接西域使节期间，请各国使节各自讲述其国的地理风土，令人一一笔录，撰成《西域图记》。裴矩在《西域图记》序言中称，该书共三卷，入载西域四十四国；别造地图，穷其要害。纵横所亘，将二万里。地虽辽远，但富商大贾，无处不至，所以诸国之事，无不知晓。其中，民户数十的聚落，其首领便称国王，有名无实，从西汉到东汉，因不知底细，均把这些有名无实的聚落，载入史册。有鉴于此，《西域图记》所载四十四国，均在千户以上，都有各自的特产；无国名与部落规模小的不载。敦煌到西海

土耳其收藏的中国古瓷器

之路，已探明东西干道三条。其中的北道，从伊吾出发，经蒲类海铁勒部突厥可汗庭，渡北流河水，至拂菻国，达于西海。其中的中道，从高昌出发，经焉

耆、龟兹、疏勒，越葱岭，又经钹汗、苏对沙那国、康国、曹国、何国、大小安国、穆国，至波斯，达于西海。其中的南道，从鄯善出发，经于阗，硃俱波、喝槃陀，越葱岭，又经护密、吐火罗、挹怛、帆延、漕国，至北婆罗门，达于西海。三条干道沿线诸国，各自有路，交通南北。其中的东女国、南婆罗门等国，均有道路可达。由此可知，伊吾、高昌、鄯善是西域的三个门户。三个门户向东归于敦煌，所以，敦煌是通往西域的咽喉。

（三）王玄策出使西域　王玄策，洛阳人。太宗、高宗时期，连续四次出

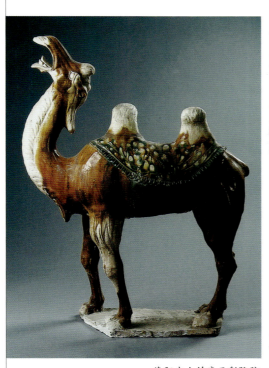

洛阳出土的唐三彩骆驼

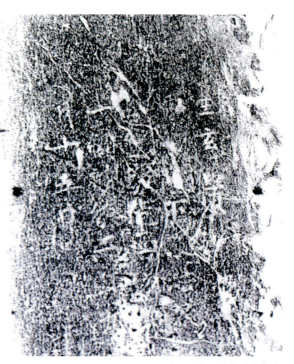

龙门石窟王玄策造像记字

使天竺。其中，唐高宗显庆三年（658年）至麟德二年（665年）间，左骁卫长史王玄策两次从洛阳出发奔赴天竺。在中天竺期间，王玄策走访各地，得到大批

经典；参与了平定印度王阿罗刑顺的叛乱，赢得了天竺人的敬仰。麟德二年（665年），王玄策东归洛阳，在龙门西山宾阳南洞内造像，把从天竺带回的弥勒菩萨新样供奉于敬爱寺中。此后，撰出《中天竺行记》。该书与玄奘的《大唐西域记》一样，成为研究古印度半岛历史的宝贵资料。

## 二、艺术交流

（一）隋炀帝时期的艺术交流　百戏与元宵灯会　通过一系列出访活动，扩大了隋帝国的影响，引来了四夷诸蕃，为表现中华灿烂文化，炀帝于大业二年（606年），下诏"总追四方散乐大集东都"，举行盛大的百戏演出款待各国来宾。演出中配置以巨型幻术，如"黄龙变"：巨龟大鲸在波涛滚滚中时隐时现，忽然间，鲸变成七八丈长的黄龙……还有绳技、扛鼎、舞车轮、神鳌负山、幻人吐火等，令人眼花缭乱，目不暇接。在一旁观看的染干单于"大骇之"。从此以后，演出规模越来越大，每逢正月万国来朝，都要留来宾住上十五日，以观看百戏盛会。据《隋书·音乐志》记载，演出时"于端门外建国门内，亘八里，列为戏场，百官起棚夹路，从昏达旦，以纵观之"；演员们"皆衣锦绣"，阵容竟达三万人之多。仅置办服饰一项，已使"两京缯锦，为之中虚"。

结合百戏表演，隋炀帝在洛阳开创元宵灯会："六年春正月……帝以诸蕃酋长毕集洛阳，丁丑（正月十五），于端门街盛陈百戏，戏场周围五千步，执丝竹者万八千人，声闻数十里，自昏至旦，灯火光烛天地，终月而罢。所费巨万。自是岁以为常。"（《资治通鉴·隋纪五》）元宵灯会以传统百戏为主要内容，官民参与，规模宏大，"帝至东都，矩以蛮夷朝贡者多，讽帝令都下大戏。征四方奇技异艺，陈于端门街，衣锦绮、珥金翠者以十数万。又勒百官及民士女列坐棚阁而纵观焉。皆被服鲜丽，终月乃罢"（《隋书·裴矩传》）。此次元宵灯会及百戏表演产生了巨大深远的影响。隋代诗人薛道衡在《和许给事善心戏场转韵诗》中，写道："京洛重新年，复属月轮圆"，"万方皆集会，百戏尽来前"，"竟夕鱼负灯，彻夜龙衔烛。欢笑无穷已，歌舞还相续。羌笛陇头吟，胡服龟兹曲。假面饰金银，盛服摇珠玉。宵深夜未阑，竟为人所难。卧驱飞玉勒，立骑转银鞍。纵横既跃剑，挥霍复跳丸。抑扬百兽舞，盘蹒五禽戏。巨象垂长鼻。青羊跪复跳，白马回转骑"。

杂技俑

元宵灯会与百戏表演很快传到民间，据《隋书·柳彧传》载，每年正月间，洛阳城乡欢度元宵节，大演百戏："窃见京邑，爰及外州，每以正月望夜，充街塞陌，聚戏朋游。鸣鼓聒天，燎炬照地。人戴兽面，男为女服。倡优杂伎，诡状异形。"

钦定《九部乐》　从北魏迁都洛阳后，代表北方的洛阳乐舞基本西凉化。隋朝统一后，四方音乐进入中原，风格单一的北魏乐舞不能适应大统一后百花争艳的繁荣局面，于是文帝组织人力修正"洛阳之曲"。大业年间，完成了繁重的修订工程，炀帝钦定了《帝乐》、《西凉》、《龟兹》、《天竺》、《康国》、《疏勒》、《安国》、《高丽》、《礼毕》等九部乐舞，即《九部乐》；同时，加强乐舞专业队伍建设，采纳太常少卿裴蕴建议，"天下周、齐、梁、陈乐家子弟，皆为乐户。其六品以下，至于民庶，有善音乐及倡优百戏者，皆直太常。是后，异技淫声咸萃乐府，皆置博士弟子，递相教传，增益乐人至三万余"（《隋书·裴蕴传》）。经过改革，内容丰富多彩的《九部乐》便在节日庆典之时推出，轰动洛阳，播向域外。

（二）**盛唐艺术交流　盛唐乐舞**　隋炀帝时的《九部乐》，经盛唐之世高宗李治、女皇武则天、玄宗李隆基的发展与完善，达到了辉煌灿烂的历史高度。

据《旧唐书·音乐志》载，显庆元年（656年）正月，改秦王《破阵乐舞》为《神功破阵乐》。六年（661年）三月，太常丞吕才造琴歌《白雪》等曲，上制歌辞十六首，编入乐府；三月，"上欲伐辽，于屯营教舞，召李义府、任雅相、许敬宗、许圉师、张廷师、苏定方、阿史那忠、于阗王伏阇、上官仪等，赴洛城门观乐。乐名《一戎大定乐》"。

麟德二年（665年）十月，高宗为分别文舞与武舞，制曰："其郊庙享宴等所奏宫悬，文舞宜用《功成庆善》之乐，皆著履执拂，依旧服袴褶、童子冠。其武舞宜用《神功破阵》之乐，皆被甲持戟，其执纛之人，亦著金甲。人数并依八佾，仍量加箫、笛、歌鼓等，并于悬南列坐，若舞即与宫悬合奏。其宴乐内二色舞者，仍依旧别设。"

龙门石窟"胡伎乐俑"造像

　　上元三年（676年）十一月，在太庙祭祀之舞中增加了《上元舞》："供祠祭《上元舞》，前令大祠享皆将陈设。自今已后，圜丘方泽，太庙祠享，然后用此舞，余祭并停。"

　　调露二年（680年）正月二十一日，"武则天御洛城南楼赐宴，太常奏《六合还淳》之舞"。光宅元年（684年），高宗命名庙乐为《钧天》。长寿二年（693年）正月，武则天亲享万象神宫，上演自制的《神宫大乐》，舞用九百人，从此《神宫大乐》进入神宫之庭。延载元年（694年）正月二十三日，新制《越古长年乐》一曲。同期，武则天亲制《圣寿乐》、《长寿乐》、《天授乐》、《鸟歌万岁乐》等。《圣寿乐》，"舞者百四十人。金铜冠，五色画衣。舞之行列必成字，十六变而毕。有'圣超千古，道泰百王，皇帝万年，宝祚弥昌'字"。《长寿乐》，"舞十有二人。画衣冠"。《天授乐》："舞四人。画衣五采，凤冠。"《鸟歌万岁乐》，"武太后时，宫中养鸟能人言，又常称万岁，为乐以象之。舞三人，绯大袖，并画鹦鹉，冠作鸟像"。

　　玄宗即位后，继承发展祖父母留下的乐舞遗产，自制《光圣乐》、《破阵乐》等四十余曲。玄宗亲定律吕，分门别类，将大唐全部乐舞分为立部伎、坐部伎两大类。立部伎有《安乐》、《太平乐》、《破阵乐》、《庆善乐》、《大定乐》、《上元乐》、《圣寿乐》、《乐圣乐》，凡八部。坐部伎有《宴乐》、《长寿乐》、《天授乐》、《鸟歌万岁乐》、《龙池乐》、《破阵乐》，凡六部。

　　玄宗改革了乐舞机构。"太常礼司不宜典俳优杂伎"，随置教坊司，"分左右隶焉"。在两京分设左右教坊，"东京两教坊俱在明义坊，而右在南，左在北焉"（《教坊记》）。其中，右教坊"善歌"，左教坊"工舞"。

　　玄宗在东西两京创设乐舞表演机构——"梨园"，"选坐部伎子弟三百，教以梨园。声有误者，帝必觉而正之"（《新唐书·礼乐志》）。唐《乐府杂语·熊罴部》云："古都乐工计五千人，内有一千五百人俗乐，系梨园新院。"与此同时，地方乐舞表演机构纷纷建立。据《明皇杂录》记载："唐玄宗在东洛，大酺于五凤楼下。命三百里内县令刺史，率其声乐来赴阙者"，各较胜负。怀州刺史以"乐工数百人于车上，皆衣以锦绣，伏厢之牛，蒙以虎皮，及为犀象形状，观者骇目"。天宝末年，安史叛军攻克两京，把两京宫中的"梨园子弟"、"教坊伎人"及各种乐器，尽掳至洛阳碧凝池，让众乐工为之弹奏。后值唐军与叛军战于洛西，梨园弟子乘机逃出，流散民间。

盛唐百戏　盛唐之世，百戏内容名目繁多，沿袭前代的有汉时的《橦木伎》、《盘舞》，南北朝时期的《长跻伎》、《掷倒伎》、《跳剑伎》、《吞剑伎》、《舞轮伎》、《透三峡伎》、《高祇伎》、《猕猴幢伎》、《猕猴缘竿》，隋炀帝时的《弄碗珠伎》、《丹珠伎》；盛唐之世天竺幻术大量传入中原，如自断手足、刳剔肠胃之属，令人骇目，高宗恶其惊俗，敕令西域关禁止幻术入中国。武则天时，百戏成为宫廷乐舞中的重要内容。武周长安二年（702年），武则天宴吐蕃使节论弥萨等于麟德殿，"奏百戏于殿庭。论弥萨曰：'臣生于边荒，由来不识中国音乐，

唐代宫乐图

乞放臣亲观。'则天许之。于是论弥萨等相视笑忻拜谢曰：'臣自归投圣朝，前后礼数优渥，又得亲观奇乐，一生所未见。自顾微琐，何以仰答天恩，区区褊心，唯愿大家万岁。'"睿宗时，"婆罗门献乐，舞人倒行，而以足舞于极铦刀锋，倒植于地，低目就刃，以历脸中，又植于背下，吹箛篥者立其腹上，终曲而亦无伤。又伏伸其手，两人蹑之，旋身送手，百转无已"。

玄宗时，经过筛选，把受人欢迎的散乐、杂技渗透到太常管辖"雅乐"中，"太常乐立部伎依点鼓舞，间以胡夷之伎"。开元二十三年（735年），玄宗在东都大演百戏，"上于天津桥南设帐殿三日。教坊一小儿，筋头绝伦，乃衣以彩缯，梳洗，杂于内伎中。顷缘长竿上，倒立，寻复去手，久之，垂手抱竿，翻身而下。乐人等皆舍所执，婉转于地，大呼万岁，百官拜庆"。其中的马戏，"奋首鼓尾，纵横应节。又设三层绞床，乘马而上，扑转如飞"。此次演出，轰动洛京，其影响有如隋炀帝大业二年（606年）的端门之会。

## 三、佛教交流

（一）凿窟造像　唐代，是凿窟造像的黄金时代，主要集中在伊阙龙门。现存唐代大洞35个，有纪年题纪造像447个。

大洞中在北魏基础上改造的有7个：宾阳南洞、宾阳北洞、老龙洞、赵客师洞、破窑、唐字洞、药方洞；新开的大洞有28个：潜溪寺、敬善寺、摩崖三佛、三佛下洞、双窑、完佛洞、惠简洞、千佛洞、奉先寺、奉南洞、火下洞、北市彩帛行净土堂、八作寺、宝塔洞、龙华寺、极南洞、四雁洞、南莲花洞、北

莲花洞藻井及飞天

北市彩帛行净土堂

莲花洞、看经寺、擂鼓台南洞、擂鼓台中洞、擂鼓台北洞、高平郡王洞。

有纪年题纪造像中，唐太宗（贞观年间）时期有 38 个，唐高宗时期 246 个，武周时期 122 个，中宗时期 22 个，玄宗时期 41 个。由于高宗统治后期，武则天已经参与并决定国家大事，所以武则天时期是龙门石窟开凿的高潮期，其间的奉先寺在龙门石窟中最负盛名。

惠简洞　位于万佛洞右下侧，是长安法海寺主惠简为唐高宗、武则天所修的功德窟，完工于唐高宗咸亨四年(673 年)。

窟平面及窟顶呈长方形，正设坛，高 4.2 米，宽 3.52 米，长 2.8 米。

正壁坛上造像五尊。本尊弥勒佛，结跏趺坐于方形台座上。头饰螺旋纹肉髻，额宽颐丰，颈短有蚕节纹三道。着双领下垂袈裟，胸隆，内穿僧祇支。左手置左膝上，掌心向上，手指残。右手抚右膝、双足踏方形台座，座上刻有唐代小造像龛数个。背光为靠背椅式，外侧下部有葡萄纹，内有圆形，横竖条纹；头光内为莲瓣，外为七佛。左侧弟子迦叶早期被凿，仅留内莲瓣、外素面、头光。在其下有唐代刻千佛三排，每排十身，并有一佛二菩萨像龛及未雕成佛像。左侧阿难身高 1.9 米，立于仰覆莲束腰台座上，袈裟衣褶较密集，双手持一葫芦形物于胸前，头光为三重同心圆。左胁侍菩萨像高 2.27 米，立于仰覆莲束腰台座上，头残，颈有蚕节纹饰。胸前项饰华丽精巧，璎珞从双肩下至腹前交叉穿璧。躯体修长，左手提物下垂，右手伸五指向外。右胁侍菩萨像高 2.15 米，尖项饰，左手置胸前，指残，右手提一物下垂。帔巾从双肩直下窟底。头光内为莲瓣，外为火焰纹。

南北壁对称地留有二头光，内莲瓣，外火焰，疑为二天王、二力士的遗迹。北壁头光上层一佛龛，上层为一佛二弟子二菩萨；下层中间是香炉，两侧二狮子、二天王、二力士。其龛外侧有小龛数个，有一佛二菩萨、单身观音像龛、坐佛龛士。此龛下相邻两龛，外侧一善跏坐佛二弟子二菩萨，下层中间一香炉、二狮子、二天王、二力士。内侧龛佛结跏趺坐，余同外龛。壁面中层外是文明元年(684 年)四月八日赵奴子造弥勒像。再下为该洞咸亨四年(673 年)十一月七日西京法寺主惠简造该窟题记。其周围有小龛造像，内容有成排千佛、单观音、坐佛、一佛二菩萨等。

奉先寺大像龛　　位于西山南部山腰，原名"大卢舍那像龛"，后代称"九间房"，是龙门石窟中开凿规模最大的摩崖像龛。武则天曾在唐高宗咸亨三年(672年)四月捐钱两万贯，于上元二年(675年)十二月三十日完工。

奉先寺卢舍那造像

其中的摩崖像龛，南北宽约 36 米，东西进深 40.7 米。正壁造像五尊，本

奉先寺天王造像

尊卢舍那佛结跏趺坐于八角束腰叠涩式莲座上，通高17.14米，头高4米，耳长1.9米，头饰波状纹高肉髻，面相丰满圆润，细眉，长眼，高鼻梁，嘴角内陷，略作微笑，两耳长垂，颈有蚕节纹饰，胸部稍稍隆起，着通肩式袈裟，衣纹简练。双手残。佛座高20米，束腰部位有十三身神王，着铠甲，大部残损，仅右侧三身完好。神王一手握拳上举，一手插腰外伸，蹲坐或直立，均为双足踏魔鬼。在佛座转角处有十一排每排十三身千佛并坐。台座两侧上层残留有三层复莲瓣，每个莲瓣中刻一坐佛。北侧有唐玄宗开元十年(722年)补刊的《河洛上都龙门之阳大卢舍那像龛记》碑一通，碑为长方形，四周以阴刻花纹图案作边饰，碑高1.12米，宽0.68米，凡21行，行28字。书体为唐楷。碑文曰："……大唐高宗天皇大帝之所建也。佛身通光座高八十五尺，二菩萨七十尺，迦叶、阿难、金刚、神王各高五十尺。粤以咸亨三年壬申之岁四月一日，皇后武氏助脂粉钱二万贯。奉敕检校僧、西京实际寺善导禅师、法海寺主惠日柬法师；大使、司农寺卿韦机；副使、东面监上柱国樊元则；支料匠李君瓒、成仁威、姚师积等。至上元二年(675年)乙亥十二月三十日毕功。……开元十年(722年)十二月。"这是记载大像龛较完备的史料。主佛头光为圆形，内饰重莲瓣，中层刻七佛像每佛各二胁侍菩萨侍立，三身像座在同茎莲座上，中间饰以卷草纹、卷云纹，外层为火焰纹。背光为大莲瓣形，内火焰，中间两条线内饰卷花朵、枝叶图案。外侧对称地刻有迎风飞舞的伎乐人。左侧有琵琶、排箫、箫等。中间饰以卷草纹图案。

本尊左侧迦叶像高10.3米，立于仰覆莲组成的束腰座上，束腰部有壶门。像残，全身仅有嘴及膝以下部位，头光双重圆，素面。右侧阿难像高10.65米，头光圆，面丰满，眉目疏朗，神情睿智，颈粗且有蚕节纹饰。两肩方圆，袈裟厚重，胸前呈驳领式样，大衣右襟搭在左肘上。双手残，赤足立于仰覆莲束腰台座上，束腰处壶门。头光为同心圆，素面。左胁侍菩萨文殊像高13.25米，头饰高莲花宝冠，宝缯下垂两肩呈三条曲线。面丰圆，双眼俯视，下颌短，颈粗有蚕节纹，两耳长，下垂葫芦形耳环。项饰精细华丽呈链状，璎珞由穗形、串珠形组成，从两肩下垂至腹前交穿一圆璧，呈镂空状。上半身袒露，斜披络腋，下束长裙，帔巾从双肩绕左右肘横于腹膝间。双足及立座稍有残损。左手屈二指下伸，右手捏二指于胸前，躯体稍向前倾斜。头光为火焰宝珠形，同心圆内饰串珠、宝相花，外层饰火焰纹。右侧普贤菩萨高13.25米，服饰略同左侧文殊菩萨，左手于胸前，手指残，右手下伸。

正壁五尊主像以外，壁面间刻立佛像，其中弟子迦叶上方有四身，头饰螺纹肉髻，面丰圆，颈短有蚕节纹，中间两身着通肩袈裟，外侧二佛着双领下垂袈裟，均立于八角束腰圆台座上。卢舍那佛左侧三身立佛像，全身残，头光内层莲

奉先寺阿难造像

瓣，中饰七佛，外层火焰。弟子迦叶与菩萨间有四身立佛，分三排，上下各一身，中间两身，着通肩及双领下垂式袈裟，一手上举，一手下伸，头光同其他主佛。主佛右侧三身立佛，立于束腰仰覆莲座上，束腰处壶门内有神王像，立佛均有不同程度的残损。在右弟子和右菩萨中间，有一佛二弟子二菩萨及香炉、狮子、供养人像龛及三身姿态相同的观音像龛。

北壁供养人像高6米，立于仰覆莲台座上，头饰丫髻，头及胸部以下残损，着长裙，足穿云头履。天王像是北方毗沙门天王，高10.5米，头束髻，戴三珠宝冠，面丰颈短，两肩饰披膊，上穿明光铠甲，胸前挂串珠。腹前饰一铺首，腰下束膝裙，边饰鹊尾，有吊腿，双足着长筒靴。左手置腰部，右手托三层宝塔，双足踏一仰身魔王，整个躯体向前倾斜，呈三角支架姿势。力士像高9.75米，发髻前有半圆形饰物，面相狰狞，怒目张口，两耳有圆形耳环；脖筋、骨高突，项饰串珠组成的半圆形，璎珞呈穗状在腹前交叉穿一圆璧。帔巾从双肩下垂横于腹膝间。左手屈指置胸前，左手置胯间，臂饰圆环，上身袒，下束裙，立于长圆形台座上。天王、力士均头光，圆形素面。

北壁壁面除三尊主像外，间隙刻满了立佛像，其中天王右侧上下三排，上五身，中下各四身。立佛均为螺纹肉髻，双眼俯视，着通肩或双领下垂式袈裟，立于仰覆莲束腰台座上。手势大多为一手外伸，一手抚胸。三排列像刻在天王、力士龛沿上，打破了原来的龛形，说明此像的雕刻晚于本尊。天王右肘上方刻两龛三身立佛，左侧刻二身，力士外侧有四龛十身立佛，服饰、姿态与上龛大同小异，并有不同程度的残损。

北壁外侧有《唐赠陇西县君牛氏像龛记》，碑为方形，龟趺坐，碑文大多模糊不清。其东侧一小造像龛，龛楣上有"唐虢国公杨思勖造像记"。再外侧一较大造像龛，内造三立像，立于束腰莲台座上，服饰、姿态均同其他立佛，龛外二力士。其傍为"大唐内侍省功德之碑"。

南壁供养人像高6米，头饰丫髻，面相饱满，颈有蚕节纹，躯体右侧残，裙裤曳地，穿云头履。天王像高10.5米，头残，仅留右臂及前胸，上着铠甲，胸前有图案花纹，右臂饰飞禽纹样，右手置腰间，足穿长靴，双足下踏魔王肩部与臀部。魔王头抬起，双眼暴突，上唇紧咬下唇，右手支地。头光圆形，素面。

力士像高9.75米，胸以上残，身挂穗形、串珠形璎珞，在腹前穿一圆璧，帔巾从双肩下垂绕左、右肘斜横于腹前，左手上举，右手抚腹下，右足向后伸，

奉先寺天王造像

半部身躯向前倾斜，立于束腰长圆形台座上。头光为同心圆。供养人、天王、力

奉先寺力士造像

士之间有两龛三身立佛像，均残损。

奉先寺大像龛是唐高宗所创，咸亨三年皇后武则天助脂粉两万贯，加快了工程的进度。参与者有支料匠李君瓒、成仁威、姚师积等人，他们是中国雕塑史上杰出的大师。另外还有唐代净土宗大师善导、西京法海寺主惠简做技术指导，以及主持工程的韦机和樊元则。共同创建了这一规模宏大、艺术精湛的唐朝代表作品。

北市丝行像龛　位于奉先寺大卢舍那像龛南，因窟额刻"北市丝行像龛"六个大字故得名，开凿于唐武则天垂拱四年(688年)至永昌元年(689年)。

北市丝行像龛

窟平面方形，平顶，窟檐剥落较重。窟北壁造像龛三个。上龛为三身观音像。中间龛造一佛二弟子二菩萨，本尊头残，着双领下垂袈裟，结跏趺坐于束腰圆台座上；二菩萨尖项饰，躯体修长，一手向内，一手向外，中间是变形香炉、花朵、线雕狮子。其下是垂拱四年(688年)秦弘等人奉为皇太后、皇帝、皇后、七世父母造阿弥陀像题记。下龛造三佛，中间立佛，着通肩袈裟，两侧结跏趺坐佛。南壁面有造像龛数个，有单身、双身观音，服饰为上帔巾，下裙裤，一手外伸，一手下垂，另有一佛二弟子二菩萨及一佛二弟子二菩萨二力士等造像。本尊均为结跏坐佛，着通肩袈裟。

窟外正壁面方形，窟门高1.56米，两侧各一力士，北侧力士束冠，上身袒，下束裙，昂首挺胸，左手握拳外伸，右手上举至肩部，躯体向门口倾斜。力士头上有像龛两排，每排四身，服饰、姿态相同的观音像，左手提净瓶，右手外伸。壁面上还有一佛二弟子二菩萨像龛，本尊通肩袈裟，二弟子双手合十侍立。另一龛为"同仁者造观音，愿法界众生共同斯福"。门南侧多为模式统一的观音像，及一佛二弟子二菩萨等，纪年的有大历十三年(778年)，及天授年间龛。

"北市香行社"造像题记

窟内平面呈前窄后宽形状，后壁设坛，坛高0.33米，宽1.93米，窟高1.9米，宽2.2米，进深2米。坛正面有五身伎乐人。坛上造像五尊，现已不存。本尊头光内莲瓣、外忍冬纹，身光为对称的四身伎乐天人。二弟子二菩萨头光均为内莲瓣、外火焰。

北壁上方一圆拱龛，内造一佛二弟子二菩萨，头均残。本尊结跏趺坐于方形束腰台座上，着双领下垂袈裟，左右手各置膝上。二弟子双手合十，二菩萨一手向内伸，一手提帔巾一角向外。此龛顶处是该龛永昌元年(689年)九月十五日比丘惠澄、善寂为法界众生、师僧父母及自身、开门人菩常等造释迦像一铺。其龛下两侧各一比丘，身穿袈裟，足穿云头鞋，立于线雕方坛上，双手持钵于胸前作供养状，左题名"僧惠澄"，右题名"僧善□寂"。壁中间是一内莲瓣、外火焰的头光。头光左侧是该洞丝行成员题名：社老李怀璧、平正严知慎、录事等，共二十一人。壁下为一狮龛，头残，作蹲坐状。南壁面有三龛造像，有单坐佛、一佛二弟子，主尊均为结跏趺坐，着通肩袈裟。另一龛内一半跏坐地藏菩萨、一结跏坐弥勒。壁面正中和北壁对称地刻一内莲瓣、外火焰的头光。狮龛内狮子为正面，亦呈蹲坐状。

窟顶为浅浮雕大莲花，南北对称地刻飞天，束髻，上身袒露，下束裙，双手持盆作供养状。

北市香行社像龛　位于古阳洞与药方洞之间，因洞北壁有"北市香行社"造像记而得名，完工于唐永昌元年(689年)。

"北市香行社"佛龛字

窟内平面为方形，窟顶大部残塌，窟残高1.6米，宽1.63米，进深1.5米。

正壁造像三尊，本尊释迦牟尼，结跏趺坐于束腰莲台座上，头残，着双领下垂袈裟，内穿僧衹支。左手抚左膝，右手指残。左胁侍菩萨，头残，饰高莲花宝冠，躯体长，左手持物下垂，右手置胸前，上身袒，斜披络腋，下束裙，帔巾从双肩下垂至底座。右菩萨左手置胸前，右手提帔巾下垂，身挂璎珞在腹前交叉。壁面有八个造像小龛，多为一佛二菩萨、单身观音、坐佛等。

北菩萨外侧为香行社题记，内容为："北市香行社，社官安僧达，录事孙香表、史玄策……永昌元年(689年)三月八日。"周围布满造像小龛。

北市彩帛行净土堂　位于西山南端山腰处，因窟楣上刊刻"北市彩帛行净土堂"八个楷书大字而得名。

窟前室方形平顶。北壁面一较大像龛刻三身立佛，头残，着通肩袈裟，立于半圆形台座上。头光内莲瓣，外七佛。壁面东侧呈一阶梯状，刻"九品往生图"浮雕：从上往下内容有一尊结跏趺坐佛；二身裸体童子；伽陵频伽鸟，上身人形，抱双臂，下身鸟形，双翅展开呈飞翔状；二菩萨立于带茎莲座上；六身结跏坐佛上下错落；二莲花童子，莲梗相对，身旁刻"下晶上生"、"上品中生"、"下品下生"等榜题；二莲花童子，一抱双臂，一向前伸；最下为二对称的舍利鸟。

"北市彩帛行净土堂"窟楣题记

南壁一较大像龛因崩塌仅留一半，本尊结跏趺坐于束腰圆台座上，头残，着通肩袈裟，左手残，右手抚膝。菩萨束高冠，面残，立于仰覆莲束腰台座上，尖项饰，斜披络腋，左手提净瓶，右手外伸，躯体稍向前倾斜。此龛外侧一骑象菩萨，束高冠，面残，左腿盘起，右脚下伸，左臂曲肘上举，右臂残。白象肥状，鼻子上卷，作行走姿态。壁面其他造像风化严重，有纪年的像龛是景云元年(710年)十二月僧口造观音像。

窟门方形，高1.89米，宽1.31米，除龛楣八个大字外，右侧有小字书写"北市香行王元翼、李谏言、刘羲方、王思忠、张口行"等题名。窟门上方刻十二身坐佛，均有不同程度残损。门北侧有造像龛三个，内容、风格大致相同，皆为结跏坐佛，坐于仰覆莲束腰台座上，着双领下垂及通肩袈裟。菩萨衣裙贴体，上身袒，下束裙裤，一手下垂，一手外伸。门两侧各刻四个对称的小龛造像。下层雕蹲狮龛，北侧已被盗凿，南侧前左肢扬起，右肢支地，头扭向外。

窟内平面长方形，平顶。窟高2.26米，宽3.08米，深1.77米。三面设坛，高0.23米，宽0.5米。坛上有明显凹下的八角形池迹，中间五个，南北各两个。估计造像内容正壁一佛二弟子二菩萨，南北各一佛二菩萨。正壁北侧王宝泰、赵玄绩造西方净土佛龛记中有："开室号曰西方净土……造阿弥陀佛像三铺并侍卫总计十一尊像。延载元年（694年）岁次甲午八月壬子朔三十日功讫。"南侧有《佛说菩萨可色欲经》，在题名中妇女占很大比重。

净土堂是武周首都洛阳北市彩帛行出资营造的洞窟，其中窟楣上的"香行社"成员题名，正是参加彩帛行出资营造洞窟的社人。

北市彩帛行净土堂

（二）**重建名寺** 唐代，洛阳寺院大批出现，武则天时达到高潮。在众多的寺院中，武则天敕修的白马寺、香山寺、古唐寺最负盛名。

**重修白马寺** 武则天于垂拱元年（685年），下诏重修白马寺。于是，住持薛怀义大兴土木，广修殿阁，将中国第一古刹建得辉煌壮丽，规模空前。因僧舍距山门路远，以至于有"跑马关山门"之说。薛怀义"选有膂力白丁为僧，数满千人"（《旧唐书·薛怀义传》）。

**福先寺** 地址在唐洛阳城东2.5公里的塔湾；始建于武周末年，武则天亲自为该寺撰写浮图碑文。唐中宗在洛阳即位的神龙元年（705年），该寺建成。天竺僧人阿弥真那、善无畏先后在该寺译经。僧人一行在寺内为善无畏笔受经文。画家吴道子作"地狱变相"壁画。玄宗开元二十一年（733年），日本僧人荣睿、普照来到洛阳，玄宗敕令二人居该寺接受定宾大师授戒。三年后，荣睿、普照回国，邀请寺内僧人道王睿赴日本弘法传戒，道王睿携寺内天竺僧人菩提仙那同往日本，为中日文化交流做出重大贡献。

香山寺　该寺始建于北魏胡太后当政时期。唐初已成废墟。武则天垂拱三年（687年），天竺僧人日照死葬于此。武则天称帝的天授元年（690年），准梁

龙门香山寺

王武三思所奏，重修该寺。重修之后，"危楼切汉，飞阁凌云，石像七龛，浮图八角"（《华严经传记》）。武则天正式立为伽蓝，取名香山寺。香山寺由此而闻名，成为"龙门十寺"之一。

（三）**胡僧来洛译经**　**善无畏居洛译经**　善无畏，中印度僧人，佛手国王子，13岁立为国王。善无畏厌恶尘事，让位其兄而出家。在那烂陀寺从师达摩掬多。达摩掬多授善无畏总持瑜伽三密教，善无畏如日灌顶。达摩掬多曾对善无畏说："中国白马寺重阁新成，我适受供而返。"开元十二年（724年），善无畏追随其师踪迹到达洛阳，长居福先寺，单独译出《大日经》，与宝月、一行合译出《大

高昌人造像

毗卢遮那成佛神变加持经》等佛教经典。开元二十三年（735年）善无畏卒，享年99岁，葬于龙门西山。贞元十一年迁葬广花寺。

日照居洛译经　日照，中印度人。于唐高宗后期来到洛阳。日照与人合译出《大乘显识经》、《大乘五蕴论》等十八部佛经。武则天为其作序。垂拱三年（687年），日照卒于洛阳魏国寺，享年75岁。武则天敕令葬日照于"龙门山之阳，伊水之左"，会葬者数万人。

金刚智居洛译经　金刚智，中印度僧人。开元七年（719年）入唐，往来于两京之间译讲《金刚经》，被誉为"开元三大力士"之一。开元二十九年（741

年），在东都洛阳关广福寺现疾，八月十五日卒于寺内，享年71岁。玄宗敕令葬于洛阳龙门山。

龙门

　　宝思惟居洛译经　　宝思惟，北印度僧人。武则天长寿二年（693年）来到东都，被武则天敕住天宫寺。宝思惟先后译出《不空捐素陀罗尼经》等七部经典。睿宗时，在龙门山香山内北侧为宝思惟建天竺寺一所。开元九年（721年），宝思惟卒于寺内，享年百余岁。

　　菩提流支居洛译经　　菩提流支，南印度僧人。22岁时经典满腹，名闻唐朝。唐高宗永淳二年（683年），遣使到天竺迎接。武则天复加郑重，敕令菩提流支住洛阳福先寺、长安崇福寺。菩提流支先后译出《佛境界》等经典十一部。中宗、睿宗之际，译出《大宝积经》等经典四十九部。开元十二年（724年），随

龙门香山寺

玄宗入东都洛阳，居于长寿寺；十五年卒于寺内，享年一百多岁。玄宗敕谥"开元一切遍智三藏"，葬于龙门西山，起塔勒石志之。

## 第七节　隋唐丝路东端起点对东南亚的辐射

### 一、常骏出使赤土

《隋书·南蛮传》载："赤土国，扶南之别种也。在南海中，水行百余日而达所都。土色多赤，因以为号。"从其方位"东波罗剌国，西婆罗娑国，南诃罗旦国，北拒大海，地方数千里"可知，赤土国是在西南洋群岛上。

炀帝即位，招募能通绝域之人。大业三年（607年），屯田主事常骏、虞部主事王君政等自请出使赤土。"帝大悦，赐骏等帛各百匹，时服一袭而遣。赍物五千段，以赐赤土王。"其年十月，常骏等自南海郡下海乘舟，"昼夜二旬，每值便风。至焦石山而过，东南泊陵伽钵拔多洲，西与林邑相对，上有神祠焉。又南行，至师子石，自是岛屿连接。又行二三日，西望见狼牙须国之山，于是南达鸡笼岛，至于赤土之界。其王遣婆罗门鸠摩罗以舶三十艘来迎，吹蠡击鼓，以乐隋使，进金锁以缆骏船。月余，至其都，王遣其子那邪迦请与骏等礼见。先遣人送金盘，贮香花并镜镊，金盒二枚，贮香油，金瓶八枚，贮香水，白叠布四条，以拟供使者盥洗。其日未时，那邪迦又将象二头，持孔雀盖以迎使人，并致金花、金盘以藉诏函。男女百人奏蠡鼓，婆罗门二人导路，至王宫。骏等奉诏书上阁，王以下皆坐。宣诏讫，引骏等坐，奏天竺乐。事毕，骏等还馆，又遣婆罗门就馆送食，以草叶为盘，其大方丈。因谓骏曰：'今是大国中人，非复赤土国矣。饮食疏薄，愿为大国意而食之。'后数日，请骏等入宴，仪卫导从如初见之礼。王前设两床，床上并设草叶盘，方一丈五尺，上有黄白紫赤四色之饼，牛、羊、鱼、鳖、猪、蟵蝐之肉百余品。延骏升床，从者坐于地席，各以金钟置酒，女乐迭奏，礼遗甚厚。寻遣那邪迦随骏贡方物，并献金芙蓉冠、龙脑香。以铸金为多罗叶，隐起成文以为表，金函封之，令婆罗门以香花奏蠡鼓而送之。既入海，见绿鱼群飞水上。浮海十余日，至林邑东南，并山而行。其海水阔千余步，色黄气腥，舟行一日不绝，云是大鱼粪也。循海北岸，达于交阯"。大业六年（610年）春，常骏与同行的赤土王子那邪迦，在弘农（今河南灵宝）谒见隋炀帝，炀帝"大悦，赐骏等物二百段，俱授秉义尉，那邪迦等官赏各有差。"

常骏出使赤土，增辟了西南海陆丝绸之路，这是中国对外交通史上的一大事件，常骏一行是代表中国出访西南洋群岛国家的第一批使节。

## 二、东南亚国家来朝

据《隋书·南蛮传》载，隋炀帝统治的十四年中，"南荒朝贡者十余国"。其中，仁寿四年，隋炀帝刚即位，林邑国王遣使谢罪，"于是朝贡不绝"；真腊国，"在林邑西南，本扶南之属国也……大业十二年，遣使贡献，帝礼之甚厚"。

## 第八节　隋唐丝路东端起点对东亚的辐射

### 一、隋炀帝时丝路东端起点对东亚的辐射

（一）**倭国来朝**　大业三年（607年），倭王多利思北孤遣使小野妹子来洛阳朝贡。据《隋书·东夷传》载，"使者曰：'闻海西菩萨天子重兴佛法，故遣朝拜，兼沙门数十人来学佛法。'其国书曰'日出处天子至书日没处天子无恙'"。炀帝看书后心中不悦，叮嘱鸿胪卿，令其改之。

（二）**裴世清出使倭国**　大业四年（608年），炀帝遣文林郎裴世清由小野妹子陪同，从洛阳出发回访倭国。《隋书·东夷传》载："度百济，行至竹岛，南望躭罗国，经都斯麻国，迥在大海中。又东至一支国，又至竹斯国，又东至秦王国，其人同于华夏，以为夷洲，疑不能明也。又经十余国，达于海岸。"裴世清一行刚踏上倭国领土，便受到热烈欢迎。"倭王遣小德阿辈台，从数百人，设仪仗，鸣鼓角来迎。后十日，又遣大礼哥多毗，从二百余骑郊劳。既至彼都，其王与清相见，大悦，曰：'我闻海西有大隋，礼义之国，故遣朝贡。我夷人僻在海隅，不闻礼义，是以稽留境内，不即相见。今故清道饰馆，以待大使，冀闻大国惟新之化。'清答曰：'皇帝德并二仪，泽流四海，以王慕化，故遣行人来此宣谕。'既而引清就馆。其后清遣人谓其王曰：'朝命既达，请即戒途。'于是设宴享以遣清，复令使者随清来贡方物。"

日本美秀博物馆藏唐三彩拂林狗

（三）三征高丽 隋统一后，朝鲜半岛三个国家高丽、百济、新罗相继朝隋受封。炀帝即位后，因高丽王元不听征召，从大业八年（612年）开始，先后对高丽发动了三次大规模的军事进攻，激化了社会矛盾，导致了长达八年的隋末农民战争，三征高丽的战争均告失败。

## 二、唐高宗时丝路东端起点对东亚的辐射

（一）**对日本的辐射** 据《洛阳史迹与中日交流》载，唐高宗显庆四年（659年）七月，日本（670年倭国改称日本）国王任命坂合部石部为遣唐大使，津守吉祥为副使，出使唐朝。坂合部石部在大海中遇难，津守吉祥于闰十月二十九日抵达东都洛阳，朝见唐高宗。其时，唐高宗正在洛阳发动对百济的军事进攻，恐走漏消息，将津守吉祥软禁到西京长安，直到次年十月十六日，津守吉祥才得以返回洛阳，二十四日从洛阳起程回国。

（二）**对朝鲜半岛的辐射** 据《新唐书·高宗纪》载，唐高宗时期，高丽、百济合击新罗，新罗向唐求救，高宗发兵朝鲜半岛。显庆五年（660年）十月，高宗在洛阳下令苏定方伐百济，十一月攻灭百济；乾封元年（666年），高宗在洛阳下令李勣伐高丽，总章元年（668年）九月，李勣攻灭高丽。上元二年（675年），新罗统一朝鲜半岛，唐军从朝鲜半岛撤兵。

*追赠并厚葬百济王* 扶余义慈，百济王国之君。显庆五年（660年），唐将苏定方伐灭百济，百济王扶余义慈、太子扶余隆、小王孝演、酋长五十八人被押解到洛阳。是年十一月，"上御则天门楼，受百济俘，自其王义慈以下皆释之"（《资治通鉴·唐经十六》）。则天门诏释后数日，百济王扶余义慈病死。唐高宗隆重下诏，"赠金；紫光禄大夫、卫尉卿特许其旧臣赴哭，送就孙皓、陈叔宝墓侧葬之，并为竖碑"（《旧唐书·东夷传》）。百济王扶余义慈被追赠为唐正三品官职，沿袭前代惯例，葬在洛阳北邙亡国之主孙皓、陈叔宝墓侧。

*百济王太子扶余隆荣葬洛阳北邙* 百济王扶余义慈的太子，名扶余隆。隋炀帝大业十一年（615年），扶余隆生于百济辰朝。显庆五年（660年）十一月，随其父在洛阳则天门接受唐高宗诏释。其父死后的龙朔二年（662年），唐高宗

授扶余隆为司稼卿，位居诸卿之列，禄为从三品。

显庆五年（660年）百济灭亡后，余众复起，拥立新王反唐。龙朔三年（663年），唐高宗发水军增援驻守百济的唐军，扶余隆作为别将随援兵渡海隶属大将军刘仁轨帐下。扶余隆随刘仁轨征战二十余日，平定百济之乱，陈兵高丽之界。扶余隆因功受到唐高宗破格重用，麟德元年（664年）十月，唐高宗"乃授扶余隆熊津都督，遣还本国，共新罗和亲，以招辑其余众"（《旧唐书·东夷传》）。扶余隆不辱使命，麟德二年（665年）八月，代表唐王朝与新罗国王金法敏在熊津结盟，"寻奉明诏，修好新罗"（《扶余君墓志》）。此次会盟，安定了唐朝在朝鲜半岛的紧张局势，恢复了唐朝与新罗的友好关系，意义重大，影响深远。

熊津结盟后，扶余隆载誉返唐，回到洛阳。乾封元年（666年）正月，扶余隆作为近臣，随唐高宗、皇后武则天到泰山封禅，"俄沐鸿恩，陪觐东岳"（《扶余君墓志》）。

泰山封禅归来，扶余隆备受恩宠，"勋庸累著，宠命日扶余隆，迁职太常卿，封王带方郡。公事君竭力，徇节亡私，屡献勤诚，得留宿卫"（《扶余君墓志》）。唐高宗暮年，扶余隆跟随左右，常居洛阳。直到唐高宗驾崩的前一年——永淳元年（682年）十二月二十四日，死葬洛阳北邙清善里（《扶余君墓志》）。

## 三、武则天时丝路东端起点对东亚的辐射

（一）日本遣唐使出使武周  武周长安二年（702年），日本国任命栗田真人为大使出使武周。是年十月到达神都洛阳。因武则天西巡关中，栗田真人一行西行长安，向武则天贡献方物。长安三年（703年）十月，武则天驾还神都，栗田真人一行随至洛阳。长安四年（704年）三月，栗田真人一行从洛阳启程，七月返回日本国。

唐遣使船图

（二）新罗王孙圆寂洛阳　新罗王孙圆测，年轻时拜玄奘为师，精通《惟识》、《瑜伽》佛经。武则天时期被召为西明寺大德。圆测参与日照所译《密严》经注疏。武周万岁通天元年（696年）被召入宫廷讲解《华严经》，讲经未了而圆寂，享年85岁，葬于龙门香山寺北谷，武则天令立白塔。

（三）百济将领黑齿常之冤葬北邙　黑齿常之，"百济西部人"（《旧唐书·黑齿常之传》），生于唐太宗贞观三年（629年）。幼年深受儒家文化熏陶，青年时为百济郡将。唐高宗显庆五年（660年）百济灭亡后，黑齿常之聚众三万反唐。龙朔二年（662年），唐军讨黑齿常之无果而返。龙朔三年（663年），百济王太子扶余隆随刘仁轨平百济之乱，招降黑齿常之。麟德元年（664年），扶余隆为熊津都督，以黑齿常之为折冲都尉。熊津结盟后，扶余隆返唐，留黑齿常之镇守熊津。镇守期间，唐军大举进攻高丽，黑齿常之坚守后方，保证唐军对高丽战争的顺利进行，因功受到加封："咸亨三年（672年），以功加忠武将军，行带方州长史，寻迁使持节沙泮州诸军事、沙泮州刺史，授上柱国。"（《黑齿府君墓志文并序》）唐军攻灭高丽后，为治乱而移民，黑齿常之在移民中立功再受加封，"以至公为己任，以忘私为大端，天子嘉之，转左领军将军兼熊津都督，府司马，加封浮阳郡开国公，食邑二千户"。从此，黑齿常之在唐朝中的威望越来越高。

平定高丽后，唐朝与吐蕃爆发战争，黑齿常之被调往西北战场。在抗击吐蕃的战争中，威名远扬。据《旧唐书·黑齿常之传》载，泥沟之役，黑齿常之初露锋芒："吐蕃犯边，常之从李敬玄击之。刘审礼之没贼，敬玄欲抽军，却阻泥沟，而计无所出。常之夜率敢死之兵五百人进掩贼营，吐蕃首领跋地设弃军宵遁，敬玄因此得还。"此役，高宗叹其才略，"擢授左武卫将军，兼检校左羽林军，赐金五百两、绢五百匹，仍充河源军副使"。良非川之役，黑齿常之再显身手："时吐蕃赞婆及素和贵等贼徒三万余屯于良非川。常之率精骑三千夜袭贼营，杀获二千级，获羊马数万，赞婆等单骑而遁。"此役，高宗"擢常之为大使，又赏物四百匹"。青海之役，黑齿常之火烧敌粮，"开耀中，赞婆等屯于青海，常之率精兵一万骑袭破之，烧其粮贮而还"。三次战役后，黑齿常之威镇河西，"吐蕃深畏惮之，不敢复为边患"。以卓越战功，唐中宗嗣圣元年（684年），黑齿常之"迁左武卫大将军，仍检校左羽林军"。

武则天垂拱二年（686年），突厥犯边，"命常之率兵拒之。蹑至两井，忽逢贼三千余众，常之见贼徒争下马著甲，遂领二百余骑，身当先锋直冲，贼遂弃甲而散。俄顷，贼众大至。及日将暮，常之令伐木，营中燃火如烽燧，时东南忽有大风起，贼疑有救兵相应，遂狼狈夜遁"。此役，黑齿常之"以功进封燕国公"。其时，武则天，任用酷吏，冤案迭起，黑齿常之难避其难，垂拱三年（687年），突厥入寇朔州，"常之又充大总管，以李多祚、王九言为副。追蹑至黄花堆，大破之，追奔四十余里，贼散走碛北。时有中郎将爨宝璧表请穷追余贼，制常之与宝璧会，遥为声援。宝璧以为破贼在朝夕，贪功先行，竟不与常之谋议，遂全军

186

而没。寻为周兴等诬构，云与右鹰扬将军赵怀节等谋反，系狱，遂自缢而死"。从墓志文知，黑齿常之冤死于永昌元年（689年）。这一冤案使黑齿常之蒙垢九年。圣历元年，武则天起用狄仁杰，一大批冤案得到昭雪，黑齿常之也在平反之列，因黑齿常之入唐时户籍定在雍州万年县，于是，黑齿俊奏请改葬。武则天准奏，敕葬黑齿常之于洛阳北邙，赠物一百段，其"燕国公"封号由其子黑齿俊沿袭，一应葬事由官府承办。

黑齿常之墓志

## 四、唐玄宗时丝路东端起点对东亚的辐射

**（一）日本遣唐使来洛**  唐玄宗开元四年（716年），日本国任命阿倍仲麻吕为遣唐大使，多治比县为遣唐押使出使唐朝。次年底到达洛阳，唐玄宗在洛阳应

阿倍仲麻吕纪念碑

天门城楼接见阿倍仲麻吕一行（见1991年2月5日《光明日报》《洛阳宫城应天门东阙遗址面世》）。开元六年（718年），阿倍仲麻吕留学洛阳、长安，其余遣唐使返国。

开元二十年（732年）八月，日本国任命多治比广为遣唐大使，中臣名代为副使，出使唐朝。次年四月出发，开元二十二年（734年）到达洛阳。唐玄宗在洛阳接见了多治比广一行。开元二十四年（736年），多治比广一行从洛阳返国。

（二）**道王睿东渡传经** 道王睿，洛阳大福寺定宾律师的弟子。唐玄宗开元二十四年（736年），道王睿应返国的遣唐使邀请，东渡日本弘法传戒。道王睿被安置在日本大安寺西唐院，讲授带去的《律藏行事钞》、《华严经》，成为日本弘道律宗的先驱，日本华严宗的第一传人。同时，道王睿早于鉴真到达日本20年，是到日本传播中国佛教的第一人。唐肃宗上元元年（760年），道王睿卒于日本。在日本期间，道王睿撰有《菩萨戒经论》三卷。

**图书在版编目（CIP）数据**

图说洛阳丝绸之路／洛阳市地方史志办公室编；—
郑州：大象出版社，2007.4
（图说洛阳系列／洛阳市地方史志办公室编）
ISBN 978−7−5347−4548−5

Ⅰ.图…　Ⅱ.①来…　Ⅲ.①丝绸之路−河南省−图
解　Ⅳ.K928.6−64

中国版本图书馆 CIP 数据核字（2007）第 039625 号


选题策划：耿相新
责任编辑：郑强胜
特约编辑：王　月
装帧设计：梅　语
责任校对：合　理



出版发行：大象出版社
　　　　　（郑州市经七路 25 号　邮政编码450002）
经　　销：河南省新华书店
印　　刷：河南第二新华印刷厂
开　　本：16 开(889 毫米 × 1194 毫米)
印　　张：12.5 印张
字　　数：200 千字
版　　次：2007 年 4 月第 1 版
印　　次：2007 年 4 月第 1 次印刷
定　　价：180.00 元